Jogos para Treinar o Cérebro

Desenvolvimento de Habilidades Cognitivas e Sociais

Jorge Batllori

Jogos para Treinar o Cérebro

Desenvolvimento de Habilidades Cognitivas e Sociais

Tradução:
Fina Iñiguez

MADRAS®

Publicado originalmente do espanhol sob o título *Juegos para entrenar el Cerebro*, por Narcea, S.A de Ediciones, 2001.

Tradução autorizada do espanhol.

Editor:
Wagner Veneziani Costa

Produção e Capa:
Equipe Técnica Madras

Tradução:
Fina Iñiguez

Revisão:
Rita Sorrocha
Elaine Garcia
Edna Luna

CIP-BRASIL. CATALOGAÇÃO-NA-FONTE
SINDICATO NACIONAL DOS EDITORES DE LIVROS, RJ

B337j
13.ed.
Batllori, Jorge, 1962- Jogos para treinar o cérebro: desenvolvimento de habilidades, cognitivas e sociais/Jorge Batllori; tradução de Fina Iñiguez. – 13.ed. – São Paulo: Madras, 2019
il.
Tradução de: Juegos para entrenar el cerebro
ISBN 978-85-370-0233-9
1. Jogos infantis. 2. Cognição nas crianças. 3. Cognição nas crianças – Testes. I. Título.

07-1727. CDD: 790.1922
CDU: 793.7-053.2

03.05.07 11.05.07 001726

MADRAS EDITORA LTDA.
Rua Paulo Gonçalves, 88 – Santana
02403-020 – São Paulo – SP
Caixa Postal 12299 – CEP 02013-970 – SP
Tel.: (11) 2959.5555 – Fax: (11) 2959.3090
www.madras.com.br

Índice

2. TRAÇOS, TABULEIROS E FICHAS
Compor figuras

3. BRINCANDO COM NOSSA LINGUAGEM
Fugas de vogais e consoantes

Prólogo

Jogos para Treinar o Cérebro é o título dado pelo autor a este livro. E a verdade é que convém que essa frase chegue à criança ou ao adolescente o quanto antes, porque, efetivamente, "pensar não faz mal". A preguiça mental e a rejeição a qualquer esforço da mente são algo que infelizmente há muito tempo está tomando conta da propaganda. *A matemática sem esforço, O inglês sem esforço*, etc., ou outros títulos semelhantes, estão ao alcance do público, oferecendo o desejado resultado sem o trabalho que se requer para obtê-lo. Mas existe nisso um erro duplo: por um lado, é muito duvidoso que essas metas sejam alcançadas gratuitamente, e, por outro, os resultados obtidos por meio de esforço, cautelosamente dosado, são uma fonte de satisfação que não há por que evitar.

Pensar, treinar o cérebro, não só não machuca (aviso à grande massa de preguiçosos mentais e de candidatos a sê-lo) como, ao contrário, é uma atividade que pode encher de satisfação a quem a ela se entregar. Comprovar que somos capazes de resolver um enigma, de achar a armadilha escondida em uma adivinhação, de construir uma coisa que parecia impossível com os meios que nos são dados, produz um prazer saudável, desconhecido por aqueles que nunca decidem colocar em andamento seu intelecto, algo que um indivíduo merece experimentar desde os primeiros anos de vida.

Não se deve esquecer que a capacidade mental, da mesma forma que a força física, deve ser desenvolvida com o exercício. Cada indivíduo, de acordo com sua predisposição inicial, chegará mais ou menos longe nesse terreno, mas não há dúvida de que a pessoa mais bem dotada mentalmente dará muito menos de si, se nunca, ou em raras ocasiões, colocar em andamento seus mecanismos cognitivos.

Alguém disse que "o gênio não é outra coisa do que uma enorme paciência". A frase é, sem dúvida, exagerada: a imensa maioria de nós não poderá jamais, sequer com o maior dos esforços e perseverança, competir com as conquistas intelectuais dos grandes gênios que a História conheceu. Mas deve-se levar em consideração que as grandes intuições desses gigantes do pensamento foram, de maneira geral, consequência de sua contínua reflexão (o "enxergar" do entendimento nasceu do contínuo "olhar"). Quando perguntaram a Newton como ele havia conseguido formular a teoria da gravitação universal, parece que ele respondeu alguma coisa como "pensando o tempo todo nisso". Algo parecido acontece com Arquimedes e seu famoso princípio; diz-se que exclamou "eureca!", mas isso em grego significa "achei", e não é possível "encontrar" qualquer coisa que não tenha sido "procurada". É arriscado prognosticar que uma determinada criança virá a ser um adulto genial e alcançará resultados tão espetaculares, mas os frutos de sua ginástica mental, talvez menos brilhantes, dar-lhe-ão de qualquer forma uma legítima satisfação e lhe serão úteis em mais de uma ocasião ao longo de sua vida, talvez sem ter consciência disso.

É claro que, como qualquer outro exercício, não convém abusar do exercício intelectual. Os obsessivos mentais, que investem todo o seu tempo disponível com a matemática, o xadrez, a informática, ou outra atividade similar, não são um exemplo a ser imitado. O desenvolvimento harmônico do ser humano requer um uso equilibrado de suas diferentes faculdades, sem que nenhuma delas anule as outras. Mas não devemos ser medrosos: nossa capacidade de raciocínio é, de forma geral, maior do que suspeitamos, e, quando a exercitamos, comprovamos com grata surpresa que chegamos muito mais longe do que imaginávamos. Esse equilíbrio, que algumas vezes é difícil para a criança e o adolescente, propensos a empregar todo o tempo disponível em atividades que lhes são gratificantes, em lugar de outras necessárias, deve ser estimulado e controlado pelo adulto responsável por eles.

Este livro oferece aos educadores uma abundante coleção de questões que obrigam a aguçar o talento para resolvê-las, com o estímulo adicional, muito importante para a criança, de se tratar de um jogo. Não são de forma geral questões "sérias"; em mais de um caso estão propostas de uma maneira divertidamente pitoresca, não se coloca em jogo nada importante enquanto se tenta resolvê-las, e isso permite fazer uma abordagem alegre, sem nenhuma preocupação. No entanto, fortalecem a capacidade de dedução e de tomadas de decisões acertadas.

É proposta uma grande variedade de problemas. Sem pretender esgotar todos os tipos em que poderiam ser classificados, citamos os seguintes:

– Analogias: questões como as que costumam ser encontradas nos testes de inteligência, nos quais são apresentadas séries cujo último termo deve ser encontrado, escolhendo entre várias soluções propostas, de forma a seguir uma ordem lógica.

– Figuras que devem ser compostas, de acordo com algumas peças dadas, juntando-as convenientemente.

– Percursos, de acordo com certas condições, que devem ser realizados em um recinto quadriculado, ou passando por uma série de pontos.

– "Quadrados mágicos" de números, que dão somas iguais em todas as linhas e colunas, e outras distribuições numéricas similares.

– Operações enigmáticas, nas quais as cifras são representadas por letras.

– Fugas de vogais e consoantes, isto é, frases em que devem ser preenchidas as letras que faltam, de forma que adquiram sentido. E também quebra-cabeças e outros jogos linguísticos.

– Problemas aritméticos, em que se deve obter determinado número com base em outros, submetendo-os a operações adequadas. E outros problemas aritméticos, alguns verdadeiros enigmas.

– Problemas de lógica pura, em que a conclusão nasce das premissas, mas em que, às vezes, não é fácil manipular bem os dados, ou porque são muitos ou porque há uma "armadilha" neles.

Espero que o leitor me perdoe pela liberdade de dar um conselho que deve ser transmitido à criança, para ajudá-la a resolver alguns dos problemas propostos aqui, particularmente os de dedução lógica. O leitor deve-se perguntar: o que o enunciado pede exatamente? Porque algumas vezes parece que o que se pede implica condição adicional, mas não é realmente assim, e ao eliminar essa condição adicional chega-se à solução, que parecia absurda ou muito difícil de ser obtida. Uma coisa parecida acontece com os dados, por isso valerá a pena perguntar em alguns casos: qual é a informação que os dados fornecem realmente? Porque é frequente também que a eles sejam acrescentadas inconscientemente circunstâncias que não são essenciais e, ao suprimi-las, chega-se ao resultado. Examinando o livro com atenção é fácil ver a utilidade desse conselho em mais de um caso.

E um último conselho: deve-se ter paciência. Não se deve ficar exasperado se as repetidas tentativas não conduzirem a lugar nenhum, nem muito menos ir logo em busca da solução que o livro oferece (solução que seria melhor alguns usuários não terem à mão). Vale a pena insistir (é claro que em doses cautelosas). E, em alguns casos, até convém voltar à mesma questão em outro momento: às vezes, a intuição salvadora aparece de repente, como fruto de um trabalho inconsciente do intelecto, e essa satisfação foi perdida pelo impaciente que procurou no livro ou em qualquer outro lugar a solução que poderia ter sido encontrada com suas próprias forças, assiduamente empregadas.

Ânimo, então, e mãos à obra! O livro pode ser trabalhado de forma arbitrária, mas vale a pena que seja esgotado, porque em nenhuma de suas páginas há desperdício. Deixo, portanto, ao educador, para que, sob sua orientação, faça com que as crianças se exercitem e se divirtam com estas páginas.

Roberto Navarro González
Mestre em Matemática

O jogo: diversão e fonte de aprendizado

Uma senhora foi, certo dia, visitar uma amiga que não via há muito tempo. Esta havia comprado um papagaio que chamou a atenção da visitante. A anfitriã explicou-lhe que tinha ensinado a ave em questão a falar, mas, como o tempo passava e o bichinho não soltava um piu, a senhora que foi fazer a visita cobrou sua amiga, como se duvidasse do que ela havia lhe explicado, ao que a amiga lhe respondeu: "Disse a você que tinha lhe ensinado a falar, mas nunca afirmei que ele havia aprendido a fazê-lo."

Essa anedota vem ao caso porque muitas vezes, talvez vezes demais, ensino e aprendizado não estão acorrentados: podemos ensinar e não haver aprendizado ou também é possível que haja aprendizado sem que tenhamos ensinado nada.

Sabemos que para a criança,[1] especialmente nos primeiros anos de vida, tudo é jogo e é por meio de diversos jogos que vai aprendendo muitas coisas. Se prestarmos bem atenção, não em nossa própria espécie, mas em outras, veremos que acontece a mesma coisa. Certamente que todos nós já vimos algum documentário na televisão em que, por exemplo, aparece uma leoa acompanhada por seus filhotes e vemos como a mãe caça uma pequena presa que entrega, ainda viva, às suas crias, que parecem ser cruéis com ela, pois brincam e brincam com a pobre vítima até a morte, para depois devorá-la. De fato, esse jogo não é fruto do sadismo nem nada parecido, mas

1. Para que a leitura do texto se torne mais simples, evitou-se usar conjuntamente o gênero feminino e o masculino nos termos que admitem as duas possibilidades. Dessa forma, quando se fala da "criança", entende-se que se refere ao menino e à menina, e fazer alusão à "professora" não exclui – embora nessa etapa educativa sejam minoria – a existência de professores. "Pais" significa "pais" e "mães".

apenas um aprendizado imprescindível sobre a caça que deverão realizar quando forem adultos.

Os humanos também brincam quando pequenos para aprender a conhecer nosso mundo, adquirir habilidades, etc. O que acontece é que hoje em dia nosso mundo é tão complicado que cada vez são necessários mais tempo e dedicação para tentar abranger não tudo, mas o que consideramos imprescindível ou mínimo.

É também fruto do desenvolvimento de nossa sociedade a evolução dos jogos; se é certo que existem jogos tradicionais que hoje agradam, agradaram ontem e agradarão sempre, aparecem outros novos, como os de novas tecnologias, que não se devem evitar.

Para a criança tudo é jogo, mas se quisermos que ela aprenda coisas novas ou reforce conhecimentos, capacidades ou habilidades que já possuía, parece que a única via possível é o jogo. E nos primeiros anos de vida é assim: quem de nós se atreveria a dar uma aula magistral ("daquelas de antes") a uma criança de seis anos sobre qualquer assunto? Suponho e espero que ninguém. Mas quando as crianças já são mais velhas, então parece que o jogo na escola é uma coisa de "pequenos" e quase uma perda de tempo. Erro crasso.

Brincar e aprender

Não se trata de incluir na aula o mesmo jogo que a criança pratica em casa, na rua ou quando participa de acampamentos, mas sim de buscar jogos e atividades recreativas que sirvam para alcançar objetivos concretos de aprendizado, aquisição de novos conhecimentos, desenvolvimento de capacidades cognitivas e sociais, etc.

Além do mais, o jogo na escola apresenta vantagens sobre o jogo que se pratica com a família. Em casa, a criança brinca sozinha ou com seus irmãos e raramente com algum amigo, enquanto no centro escolar brinca com muitas outras crianças da mesma idade, frequentemente de várias procedências e culturas, havendo, portanto, uma importante vertente socializante que se deve saber aproveitar.

Minha experiência dando aulas sobre o que é o jogo, sua importância, necessidade, etc. em cursos de monitores e diretores de tempo livre infantil e juvenil, é inicialmente algo desalentador. Quando, no primeiro dia, pergunto aos assistentes – pessoas que vão com grupos de crianças a clubes juvenis e similares – por que eles fazem as crianças brincar e por que escolhem um tipo de jogos ou atividades lúdicas em vez de outras, as respostas convidam ao desânimo. São respostas como: "para mantê-las entretidas", "porque seus pais querem que elas façam essa atividade", "porque assim elas desabafam", etc. Nunca encontrei ninguém que no primeiro dia me falasse da capacidade educativa e de aprendizado dessas atividades lúdicas.

Quando lhes digo pela primeira vez que o jogo pode (e deve) ser algo educativo e fonte de aprendizagem, mais de uma pessoa me olha com estupor. Então submeto-lhes a uma prova de fogo: proponho que façam o esforço de escolher um jogo e verificar que capacidades ou habilidades da criança podem ser reforçadas com ele ou se é possível aprender alguma coisa nova. Então as listas de coisas que podem ser assimiladas ou reforçadas convertem-se em muito extensas perante a surpresa de todos os que me ouvem.

Algumas das capacidades, conhecimentos, atitudes e habilidades que podem ser desenvolvidos com os jogos são:

- Favorecer a mobilidade.
- Estimular a comunicação.
- Ajudar a desenvolver a imaginação.
- Facilitar a aquisição de novos conhecimentos.
- Fomentar a diversão individual e em grupo.
- Facilitar a observação de novos procedimentos.
- Desenvolver a lógica e o sentido comum.
- Proporcionar experiências.
- Ajudar a explorar potencialidades e limitações.
- Estimular a aceitação de hierarquias e o trabalho em equipe.
- Incentivar a confiança e a comunicação.
- Desenvolver habilidades manuais.
- Estabelecer e revisar valores.
- Agilizar a astúcia e o talento.
- Ajudar no desenvolvimento físico e mental.
- Ajudar na abordagem de temas transversais ao currículo.
- Agilizar o raciocínio verbal, numérico, visual e abstrato.
- Incentivar o respeito às demais pessoas e culturas.
- Aprender a resolver problemas ou dificuldades e procurar alternativas.
- Estimular a aceitação de normas.

Assinalamos aqui vinte utilidades dos jogos, mas facilmente poderíamos alcançar mais de cem.

E o jogo não é fonte de aprendizado somente para a criança, mas também para os educadores (pais, professores, monitores, etc.). É um meio insuperável de conhecer a criança como ela é na realidade. Por meio do jogo a criança se manifesta espontaneamente, sem censura nem convenções, pois para ela o jogo é uma coisa tão séria e sagrada e fica tão interessada nele que se mostra como é, de forma que nos ajuda a elaborar novas estratégias.

Quem colocar em dúvida a seriedade com que as crianças brincam, convido-o a interromper ou finalizar um jogo antes de sua conclusão, sob qualquer pretexto (hora de ir para a cama, ir à casa da avó, ou qualquer outra razão); sua manifestação não será de entusiasmo.

Precisamente, é esse entusiasmo que as crianças demonstram pelo jogo que pode ser aproveitado para que adquiram novos conhecimentos, capacidades ou atitudes, ou para consolidar os que já possuem.

É interessante destacar que, como as crianças brincam quase sempre das mesmas coisas, é importante lhes oferecer coisas bem variadas, pois cada jogo ou atividade lúdica incide mais sobre umas capacidades que outras e convém que sejam desenvolvidas de uma forma harmônica: física, mental, social e psicológica.

Em parte, é dever dos educadores colocar ao alcance das crianças um leque variado de jogos para que possa acontecer esse *crescimento harmônico*, já que, se é certo que o jogo deveria ser livre e espontâneo, dificilmente ele poderá acontecer se não for conhecido, se não tiver o material adequado ou se as circunstâncias forem adversas para seu desenvolvimento.

É evidente que o jogo ajuda no desenvolvimento físico infantil, pois a maioria das atividades lúdicas tem um importante componente motriz. Mas, também, pode ter uma vertente mental, social, etc. que é menos conhecida e aplicada.

Os professores de Educação Física interessam-se bastante por essa vertente de ajuda ao desenvolvimento físico que o jogo exerce e por isso o aplicam em suas aulas. Mas a maioria dos professores de outras matérias vê isso como uma perda de tempo, quando na realidade é uma forma de aprendizagem magnífica. Eles alegam que a criança aprende mais em uma hora de aula do que em uma hora de jogo, ignorando que o que aprenderam na aula tradicional pode ser rapidamente esquecido (e esquecem mesmo, para desespero de seus professores), enquanto as expectativas vividas com as atividades lúdicas talvez não se esqueçam jamais.

Trata-se de buscar jogos que deixem as matérias mais atraentes, facilitando ao mesmo tempo seu aprendizado, seja por seu caráter divertido ou porque faz com que eles descubram novos mundos. Às vezes, o jogo não terá outro objetivo do que passar um momento divertido, mas em outras poderá ter objetivos bem determinados. É bom e necessário avaliar depois se realmente foram alcançadas as metas propostas, o que não funcionou e o que poderia ter sido desenvolvido de forma mais correta.

Em uma pesquisa realizada recentemente entre alunos do segundo grau de um centro escolar de Barcelona, ao serem perguntados sobre quais aulas realizavam jogos e atividades lúdicas ou recreativas, todos respondiam a uma só voz que eram as aulas de ginástica e de idioma estrangeiro. Estou certo de que esse resultado pode ser aplicado à maioria dos centros docentes.

Acontece que, embora muitas vezes tenhamos programado atividades de que gostamos e que acreditamos que farão sucesso entre os alunos e, desta forma, eles aprenderão muito, não as desenhamos colocando-nos na pele dos alunos nem pensando no que realmente eles gostam e pelo que se sentem atraídos, mas sim elaboramos atividades a nossa medida (com os meios que temos ao nosso alcance, que às vezes são escassos).

Quantas vezes não ouvimos que as matérias mais impopulares entre nossos alunos são Matemática e Língua! É assim por nossa culpa, porque não sabemos ensinar-lhes bem, de forma clara e atraente, com problemas curiosos e até divertidos, com atividades que ajudam a desenvolver a lógica e o sentido comum. Quantos bons professores despertam em seus alunos uma vocação profissional apenas com seu exemplo docente, porque nos fazem vibrar com suas explicações, com as atividades que são realizadas, etc.!

Um exemplo que chama a atenção é o de Martin Gardner, matemático, escritor e docente, que criou um clube matemático onde se reunia aos sábados pela manhã para brincar com a Matemática... e obteve muito sucesso entre seus alunos.

Não podemos esquecer a *vertente socializante* dos jogos, na qual as crianças aprendem a conviver e a respeitar as outras pessoas e culturas. Aqui adquirem uma grande importância os *jogos cooperativos* (que se contrapõem aos competitivos, que são a imensa maioria), em que as crianças jogam juntas para alcançar um objetivo comum, aprendendo a trabalhar em equipe, distribuindo as tarefas, etc. sem jogar *contra* ninguém, mas sim *com* alguém.

Muitos jogos também ajudam a criança a adquirir ou *potencializar habilidades manuais* (muitas vezes tão esquecidas, mas tão necessárias sempre), ao mesmo tempo que servem para explorar as potencialidades e limitações (e para que a criança também as descubra).

Concluindo: há jogos e atividades lúdicas úteis para alcançar objetivos variadíssimos. Só é necessário escolher os mais adequados e colocá-los ao alcance das crianças. Elas se encarregarão do resto.

Nas páginas seguintes, não são tratados os jogos em que se potencializa fundamentalmente o desenvolvimento físico. As atividades estão pensadas para meninos e meninas a partir dos seis anos, embora nem todas sejam para essa idade.

Conteúdo do livro

O livro é dividido em cinco capítulos:

No capítulo "Elementar, querido amigo" são agrupados problemas e atividades que requerem uma solução lógica, como são os que costumam aparecer em questionários psicotécnicos e que, além de facilitar o encontro de um emprego no futuro, fazem pensar, desenvolvem a visão espacial, o raciocínio abstrato, etc. ao mesmo tempo que melhoram a capacidade de concentração.

Em "Traços, Tabuleiros e Fichas" há atividades para serem realizadas com tabuleiros, fichas, etc. em que são compostos quebra-cabeças determinados com fichas, organizam-se percursos sobre tabuleiros, desenham-se formas geométricas, colocam-se em ordem fichas de dominó, recortam-se figuras em partes iguais, etc.

"Brincando com nossa linguagem" é um capítulo destinado a mostrar as mil e uma possibilidades de jogo que oferece qualquer língua, embora infelizmente pareça que os únicos que sabem empregá-las são professores de idiomas estrangeiros. Há jogos destinados a cuidar tanto da expressão oral quanto da escrita.

"Desfazendo Confusões" é um desafio constante à capacidade lógica e à paciência para resolver enigmas ou situações complicadas. Trata-se de problemas numéricos ou lógicos mais ou menos simples, alguns deles se jogam com base em números iguais com os quais se deve conseguir uma cifra determinada, combinando-os com signos aritméticos.

Finalmente, em "Enigmas e Jogos" se encontra uma ampla variedade de atividades para exercitar esse "músculo" chamado cérebro, que precisa de um bom treino para ficar em plena forma. Contém desde algumas maneiras de adivinhar números, de diversos enigmas, até construções com fósforos que devem ser modificados e outras atividades.

Em cada um dos jogos ou atividades lúdicas, indicam-se sempre os seguintes pontos:

Material

É sugerido o material necessário para levar à prática o que vem a seguir e que, na maioria dos casos, é mínimo ou muito simples. Não se deve desconsiderar a opção de as crianças elaborarem seu próprio material (os tabuleiros, por exemplo, que podem ser preparados na sala de trabalhos manuais), para potencializar, assim, suas habilidades.

Dificuldade

Este ponto nos dá um ideia aproximada do grau de complicação (fácil, média ou difícil). Não são consignadas as idades aproximadas, pois varia muito em razão do grau de formação, conhecimentos e experiência que tiverem os alunos nesse tipo de atividades. O educador decidirá se seus alunos estão capacitados para fazer essa atividade, se é fácil demais, se convém fazer um jogo de teste prévio, ou se é inacessível ou inadequada.

Objetivos

Nesta epígrafe se encontram algumas das muitas capacidades que podem ser trabalhadas. Cada jogo pode desenvolver ou reforçar muitas habilidades, tanto cognitivas como sociais, algumas das quais nos escapam, embora todas ajudem a criança. Na hora de escolher entre vários jogos levamos em conta (além das características das crianças, tempo e espaço disponíveis, etc.) quais objetivos se pretende alcançar e escolher, assim, como o jogo que acreditamos ser o mais adequado.

Desenvolvimento

Apresenta muito brevemente as pautas gerais que devem ser seguidas para realizar o jogo ou atividade.

A seguir, dentro de um quadrado, dão-se dicas sobre como expor o jogo. É importante reforçar à criança que deve ler bem o enunciado e compreender o que é pedido antes de procurar a solução ou realizar a atividade, pois há mais de um jogo em que o enunciado contém algum tipo de armadilha, para acostumar a criança a ler corretamente, interpretar o que leu e não tirar conclusões precipitadas, já que saber resolver um problema é tão necessário como compreender no que ele consiste realmente.

Solução

Os jogos que assim o requerem têm sua **solução** devidamente explicada, buscando que seja o mais clara possível. Recomendo aos educadores consultarem a solução antes de entregar a atividade aos alunos, já que desta forma conhecerão bem seu enredo, além de garantir a solução correta (alguns problemas possuem truques, e os adultos costumam ser os primeiros a cair na armadilha). Às vezes pode ser interessante, se a criança não chegar à solução correta, tirar a atividade da frente por alguns dias e tentar fazê-la mais adiante, para facilitar a abordagem de um mesmo problema com diferentes estratégias. Em outros casos, será oportuno fornecer alguma pequena dica ou pedir à criança para justificar e autoavaliar as respostas.

Para finalizar, em alguns jogos se indicam possíveis **variantes**, embora com um pouco de imaginação podem ser realizadas muitas outras; é bom adaptar os jogos às necessidades concretas, e às vezes especiais, dos alunos que são dirigidos, introduzindo as variações oportunas. Cada um dos mais de cem jogos expostos é modelo que admite muitas variáveis, já que o potencial é muito grande. Para exemplificar: apresenta-se um quebra-cabeça sobre um tema determinado, mas pode ser feito sobre o assunto que se quiser, ou ensinar às crianças como se faz e organizar concursos com várias equipes nos quais cada grupo prepare um quebra-cabeça para ser resolvido pelos companheiros. Falamos em quebra-cabeça, como poderíamos falar em sopa de letras; podemos fazer uma sopa de letras com palavras que comecem com a letra H, ou com outras dificuldades ortográficas, etc.

As possibilidades, portanto, são muitas e muito variadas. Mas não esqueçamos de que o mais importante é que o aluno se divirta e, ao mesmo tempo, adquira novas capacidades ou desenvolva as que possui; assim, é conveniente que o educador saiba aplicar estas páginas da forma que considerar mais amena, divertida e educativa para aqueles a quem forem destinadas tais atividades lúdicas.

Afinal, existe melhor maneira de aprender do que brincando?

1. "Elementar, querido amigo"

Jogos de analogia

O cubo

Material: Nenhum (tesouras opcionais).
Dificuldade: Fácil.
Objetivos:

- Melhorar o raciocínio espacial.
- Desenvolver a lógica e o sentido comum.
- Familiarização com estruturas tridimensionais.

Desenvolvimento: Depois de observar a figura de um cubo recortado, deve-se adivinhar como ficaria montada e escolher a solução correta. Pode-se pedir para pensar no que é descartável e escolher a resposta correta. Se é a primeira vez que se faz um exercício deste tipo, pode-se dar como dica que a criança recorte a figura, depois a reconstrua e busque a solução.

Você está vendo um cubo desmontado. Deve imaginá-lo montado e escolher qual de suas quatro faces você veria na realidade (só existe uma correta). Tente deduzir qual é a face verdadeira e quais são as falsas, tendo em conta como está pintada cada uma delas no cubo. Explique brevemente o porquê de sua decisão e por que as outras faces não são possíveis.

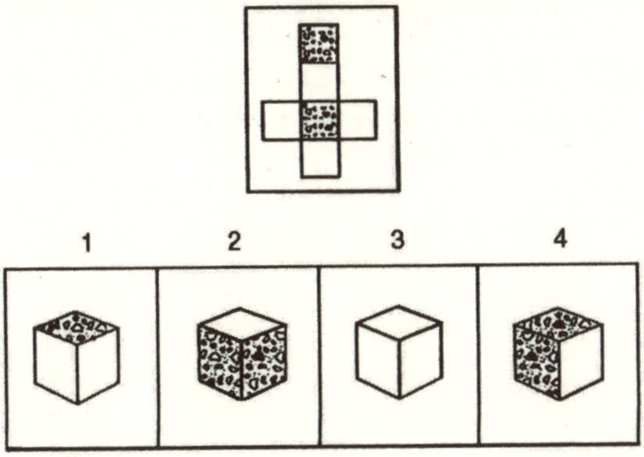
1
2
3
4

Solução: A resposta correta é a 1, pois é a única na qual as duas faces sombreadas podem ficar em lados opostos.

O navio

Material: Nenhum (dicionário opcional).
Dificuldade: Fácil.
Objetivos:

- Estimular a capacidade de associação de ideias.
- Favorecer o conhecimento de nosso idioma.
- Facilitar o raciocínio verbal.

Desenvolvimento: Dá-se uma frase incompleta que deve ser completada com palavras que tenham um sentido lógico. Se o significado de alguma palavra for desconhecido, pode-se usar o dicionário. Deve-se justificar a resposta. Ouvir com atenção as justificativas e destacar sempre seu lado positivo.

Complete a seguinte frase escolhendo entre as soluções apresentadas o par de palavras que faltam, de forma que tenham uma relação lógica com as demais palavras da frase.

Qual é a relação que une os pares de palavras?

Navio está para ... como gaiola está para ...

1. Frango - pássaro
2. Gaivota - pato
3. Marinheiro - pássaro
4. Capitão - rainha

Solução: 3. O marinheiro e o pássaro estão dentro do navio e da gaiola, respectivamente.

A semente

Material: Nenhum.
Dificuldade: Difícil.
Objetivos:

- Melhorar o raciocínio verbal.
- Favorecer o conhecimento de nosso idioma.
- Adquirir hábitos de autoavaliação.

Desenvolvimento: Trata-se de relacionar pares de palavras que têm um vínculo em comum e de verificar esse vínculo.

Coloque as palavras que faltam na seguinte frase e justifique sua resposta:

Semente está para ... como guerra está para ...

1. Embrião - soldado
2. Flor - batalha
3. Planta - paz
4. Terra - arma

Solução: 3. Já que tanto a planta quanto a paz vêm depois de uma semente e uma guerra, respectivamente.

Calculando

Material: Nenhum (papel e caneta opcionais).
Dificuldade: Fácil.
Objetivos:

- Facilitar o rápido cálculo numérico.
- Familiarização com a solução de problemas.
- Agilizar o raciocínio numérico.

Desenvolvimento: Devem ser realizados cálculos numéricos simples, mentalmente; com lápis e papel é muito fácil, mas sem eles nem tanto. Se é a primeira vez que se faz um problema como esse, deve-se explicar bem como funciona; esse mesmo problema pode servir como exemplo demonstrativo.

Resolva o seguinte problema tendo em conta os valores que são propostos para cada letra:

$V + 2x - y = z$

Se $v = 2$; $x = 3$; $y = 4$;

Quanto vale o z?

a) 4
b) 3
c) 6
d) Nenhuma das respostas é correta

Solução: (Letra a).

As folhas

Material: Nenhum.
Dificuldade: Média.
Objetivos:

- Melhorar o raciocínio abstrato.
- Aprender a observar e perceber imagens.
- Facilitar uma visão de conjunto.

Desenvolvimento: Deve-se adivinhar a figura que falta em uma série. É muito simples e pode servir como iniciação neste tipo de problemas.

Observando as seguintes folhas que estão desenhadas, você deve deduzir qual faltaria na última linha em que colocamos uma interrogação.

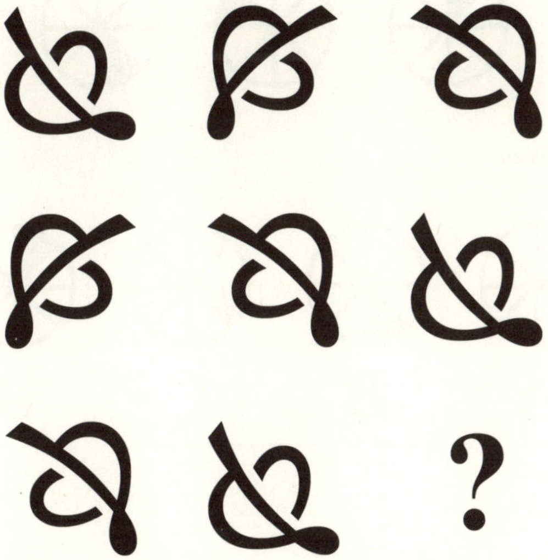
?

Solução: 

Os queijinhos

Material: Nenhum.
Dificuldade: Média.
Objetivos:

- Melhorar o raciocínio abstrato.
- Estimular a aquisição de memória visual.
- Favorecer uma visão global.

Desenvolvimento: Deve-se localizar a figura que falta em uma série lógica, escolhendo uma entre quatro respostas.

Você saberia dizer qual seria a figura seguinte, tendo em vista que elas seguem uma ordem lógica? Justifique sua resposta.

Respostas possíveis:

A **B** **C** **D**

Solução: É a C porque entre o primeiro e o segundo pedaços sombreados não há nenhum queijinho de separação, depois há um, depois dois, depois três, por isso o queijinho escuro a ser acrescentado deverá ter quatro queijinhos de separação com relação ao anterior, seguindo o sentido horário.

A fuga

Material: Caneta e papel.
Dificuldade: Difícil.
Objetivos:

- Aprender a tomar decisões.
- Favorecer a compreensão de textos.
- Buscar alternativas e soluções para um problema.

Desenvolvimento: Deve-se desenvolver uma situação imaginária difícil (como sair de uma cela onde se está preso) para a qual existem diversas opções, mas apenas uma é a correta e será descoberta aplicando a lógica. Se escolher outra, sofrerá as consequências. No caso de não achar a solução, quando a criança estiver muito desorientada, pode-se dar uma pequena dica.

Um amigo nosso foi para um país da África e teve a péssima ideia de ir colher tâmaras da palmeira real, a coisa mais proibida no país. Ele foi pego e condenado a duzentos anos de reclusão na prisão de segurança máxima do reino.
A prisão tinha quatro saídas, todas conectadas com a cela e cujas portas sempre estavam abertas. Agora, bem, entre a cela de nosso amigo e a liberdade havia uns quartos, cada um mais perigoso que o outro.
No primeiro quarto havia três ferozes e famintos leões; no segundo, mais de vinte serpentes venenosas esperando que alguma presa caísse; no terceiro, o teto era uma enorme lupa que multiplicava os raios de sol por mil e torrava tudo o que passasse por baixo dela; finalmente, no último quarto esperavam quatro guardiões de uma tribo de canibais que estavam cansados de só comer verdura.
O nosso amigo tinha que ir para Londres, a negócios, depois de alguns dias. Portanto, estudou o assunto e encontrou uma forma de fugir sem sofrer danos irreparáveis.
Como é que ele fez?

Solução: Escapou pela porta do quarto com a grande lupa no teto, mas logicamente à noite, quando a tal lupa tinha a mesma função que a de um teto normal e corriqueiro.

Cartões de Natal

Material: Caneta e papel.
Dificuldade: Fácil.
Objetivos:

- Aprender a tomar decisões.
- Educação cívica.
- Analisar as situações.

Desenvolvimento: Propõe-se uma situação relacionada com a cidadania em que se deve decidir qual é a melhor coisa a se fazer. Se a resposta não for a correta, indique que existe outra opção melhor e explique o porquê.

Com certeza, todos nós gostamos de ficar com nossos familiares e amigos em festas tão lindas como as do Natal. Mas, às vezes, não conseguimos reunir todo mundo e por isso enviamos cartões, que são uma forma de fazer com que uma pessoa fique sabendo que lembramos dela, que gostamos dela, etc. Muito bem, o Natal está chegando e tenho um problema que espero que você me ajude a resolver. Acontece que tenho uns parentes que moram longe e faz um ano que não os vejo. Como neste Natal eles não poderão vir à minha casa, estou pensando em lhes enviar um cartão. O que deveria fazer?

1. Não é preciso lhes enviar um cartão de Natal, pois certamente eles sabem que gosto deles e me lembro deles.
2. Vou comprar um cartão qualquer na livraria do lado e escreverei Feliz Natal e minha assinatura.
3. Eu mesmo desenharei o cartão e escreverei algumas palavras que expressem meu carinho por eles, contarei algumas coisas que estou fazendo, etc.
4. Comprarei um cartão, mas escolherei um que acho que eles podem gostar, colocarei umas linhas contando como estamos, o que fazemos, direi que esperamos vê-los em breve e todos colocaremos nossa assinatura.

Solução: 3 ou 4. As duas são boas. Dependendo um pouco das circunstâncias pessoais, será melhor uma que outra.
Variante: Pedir para justificar os motivos da escolha.

O funcionário amador

Material: Lápis e papel.
Dificuldade: Média.
Objetivos:

- Melhorar a capacidade de concentração.
- Desenvolver metodologias de trabalho.
- Adquirir memória visual.

Desenvolvimento: Devem ser comparadas duas listas com alguns erros, original e cópia, e tentar encontrá-los e corrigi-los. Pode ser colocado um limite de tempo para realizá-lo.

O meu amigo Miguel teve que servir o Exército em um escritório, embora não fosse muito habilidoso com a máquina de escrever. Basta dizer que o apelido dele era "branquinho".
Certa manhã, ele precisou copiar uma lista em código e, claro, cometeu alguns erros. Agora você deve descobri-los, corrigi-los, para ver se assim ele não é castigado.

Original	Cópia
ABN12OLQ	ABNI2OLQ
LJIO9KR21	LJIO9KR21
UY9RS47M	UY6RS47N
W25UHK61	W25VHK61
S13F58BC4	S13E58BC4
8JG13N5M3	8JG13N5M3

Soluções: No primeiro, trocou o 1 por pelo I; o segundo é correto; no terceiro, escreveu 6 em vez de 9 e N em vez de M; no quarto, colocou V onde havia um U; no quinto, colocou E no lugar de F; o sexto está certo.

Somando desespero

Material: Lápis e papel.
Dificuldade: Média.
Objetivos:

- Familiarização com séries de números.
- Melhorar a capacidade de concentração.
- Adquirir memória visual.

Desenvolvimento: Em fileiras de números, devem ser encontrados números contíguos cuja soma seja 10 (pode haver mais de dois números que somem 10 em cada fileira). Pode ser dado um tempo máximo para fazê-lo.

Dizem que o número 10 é o número perfeito; talvez não seja, mas quem não gosta de tirar essa nota em qualquer prova?
Mas, como tudo vale o que custa, para tirar 10 você vai ter que olhar os números de cada fileira e procurar quantas vezes existe dois números consecutivos cuja soma seja a desse sonhado 10.
Vá em frente, campeão!

A. 875564579876
B. 729165398765
C. 536454321987
D. 460178932103
E. 456432831784
F. 325789134732
G. 675234106785

Soluções: Na fileira A tem 2; na B, 1; na C, 2; na D, 1; na E, 2; na F, também 2; e na G, nenhuma.

A sala de operações

Material: Nenhum.
Dificuldade: Fácil.
Objetivos:

- Desenvolver a agilidade do cálculo mental.
- Melhorar o raciocínio numérico.
- Facilitar a solução de problemas numéricos.

Desenvolvimento: Deve ser realizada uma série de operações consecutivas e escolhido o resultado final entre várias opções. Pode-se dar um tempo máximo para conseguir as soluções.

Agora você vai se sentir como um cirurgião fazendo seu trabalho: você deverá realizar uma série de operações aritméticas simples, na ordem indicada, e escolher o resultado final das mesmas entre as quatro opções que damos a você. Mais fácil, é impossível.

		A	B	C	D
I.	3x2+5-8+3	6	7	8	3
II.	5+3x2-9-2	7	9	5	4
III.	6x4-10+5-7	16	12	15	13
IV.	14-5x2-8-4	6	12	8	7
V.	16:2-7x8-6	1	3	4	2
VI.	8x2-16x4+1	0	1	12	6

Soluções: I-A; II-C; III-B; IV-A; V-D; VI-B.

A toda

Material: Lápis e papel.
Dificuldade: Média.
Objetivos:

- Incentivar a astúcia e o talento.
- Aprender a propor problemas.
- Buscar alternativas e soluções para problemas.

Desenvolvimento: Deve ser resolvida uma série de problemas simples em um tempo determinado, variável de acordo com as características da criança.

Você terá que ir a toda, pois deve resolver os seguintes cinco problemas em menos de três minutos; se você conseguir, a bomba ficará desativada; se não, você é quem sabe...

1. Quanto custam duas dezenas de laranjas se uma laranja custa 6 reais?
2. João tem 30 reais e seu irmão Carlos tem a metade. Quanto dinheiro têm os dois juntos?
3. Quanto é o dobro da metade de 87?
4. Se você cortar um tronco de madeira de 20 metros em quatro pontos, quanto medirá cada pedaço de tronco se todos são iguais?
5. Se uma bala de morango custa 2 centavos e uma de hortelã custa três, quanto custam três balas de morango e quatro de hortelã?

Soluções: 1 = 120; 2 = 45; 3 = 87; 4 = 4 metros (já que você cortou o tronco em cinco partes); 5 = 18.

Quartetos de três

Material: Lápis e papel.
Dificuldade: Média.
Objetivos:

- Melhorar a atenção e a concentração.
- Facilitar a capacidade de associação de conceitos.
- Conhecer nossa língua.

Desenvolvimento: Em cada série de quatro palavras deve-se verificar qual delas não possui relação com as outras, sejam lá o que forem. Pode-se permitir o uso de um dicionário, bem como dar um tempo máximo para sua realização.

Como você bem sabe, os quartetos devem estar compostos por quatro coisas, sejam elas quais forem. Embora, às vezes, possam haver intrusos.
A seguir, você encontra séries de quatro palavras; em cada uma dessas séries existem três palavras que estão relacionadas e uma que não tem nada a ver com as outras. Marque a palavra que estiver fora do lugar.

1.	Hexágono	Cubo	Quadrado	Losango
2.	Chico	Zé	Lolo	Luís
3.	Espanha	Itália	Holanda	Tunísia
4.	Violão	Lira	Harpa	Trompete
5.	Laranja	Morango	Chocolate	Limão
6.	Suco	Azeite	Água	Vinho

Soluções: 1. Cubo (é a única figura tridimensional); 2 Luís (é o único nome próprio, sem ser apelido); 3. Tunísia (é o único país não europeu); 4. Trompete (único instrumento musical que não é de corda); 5. Chocolate (não é uma fruta como as outras opções); 6. Azeite (é o único que não é bebível).

Iguaizinhas

Material: Lápis e papel; dicionário.
Dificuldade: Difícil.
Objetivos:

- Facilitar a capacidade de associação de conceitos.
- Conhecer nossa língua.
- Estimular o uso do dicionário.

Desenvolvimento: De cada série de quatro palavras deve-se descobrir qual delas significa a mesma coisa que a palavra proposta. Pode-se permitir o uso de um dicionário, assim como dar um tempo máximo para a realização.

Propomos algumas palavras e você deve encontrar entre as 4 da mesma fileira outra que signifique a mesma coisa. Desta forma, seus significados serão iguaizinhos (sinônimos).
Pergunte se você pode usar o dicionário, mas lembre-se de que tem três minutos para responder.

1.	**Rapaz**	Raposa	Lobo	Garoto	Avaro
2.	**Engano**	Burla	Alegria	Erro	Disputa
3.	**Absorver**	Aspirar	Perdoar	Rejeitar	Expulsar
4.	**Infringir**	Castigar	Impor	Vulnerar	Cumprir
5.	**Cercear**	Ampliar	Cortar	Cernar	Separar
6.	**Pertinaz**	Efêmero	Falante	Inconstante	Persistente

Soluções: 1. Garoto; 2. Erro; 3. Aspirar; 4. Vulnerar; 5. Cortar; 6. Persistente.

Olha a ortografia!

Material: Lápis e papel; dicionário opcional.
Dificuldade: Média.
Objetivos:

- Conhecer nossa língua.
- Melhorar a ortografia.
- Incentivar o uso do dicionário.

Desenvolvimento: Em cada série de quatro palavras deve-se descobrir qual delas está escrita de forma errada. Pode-se permitir o uso de um dicionário, bem como dar um tempo máximo para a realização.

Vejamos agora como é que você está em ortografia. Vamos dar séries de quatro palavras e você deverá escolher em cada série a única palavra que está escrita de forma errada. Pergunte se você pode usar o dicionário, mas lembre-se que tem três minutos para responder. Pode começar a apontar o lápis.

1.	Prover	Prever	Previr	Provar
2.	Também	La	Você	Cá
3.	Passageiro	Geração	Legítimo	Transijir
4.	Exame	Exceção	Escrutínio	Sesteto
5.	Gemido	Enxerto	Legítimo	Silojismo
6.	Família	Ortografía	Lúgubre	Volume

Soluções: 1. Previr; 2. La; 3. Transijir; 4. Sesteto; 5. Silojismo; 6. Ortografía.

Caracol

Material: Cinco peças recortadas, base do jogo.
Dificuldade: Média.
Objetivos:

- Melhorar a visão e o raciocínio espacial.
- Testar a tenacidade

Desenvolvimento: Entregam-se algumas peças com as quais deve ser construída uma figura, mostrada inteira. As peças do jogo devem ser dadas recortadas, se possível em cartolina ou material resistente, para que o jogo seja mais ágil. Devem ser sempre usadas todas as peças.

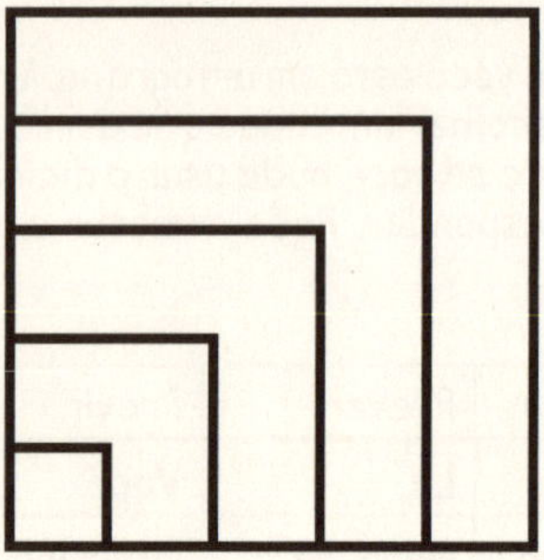

Com as peças que foram entregues a você construa a seguinte figura:

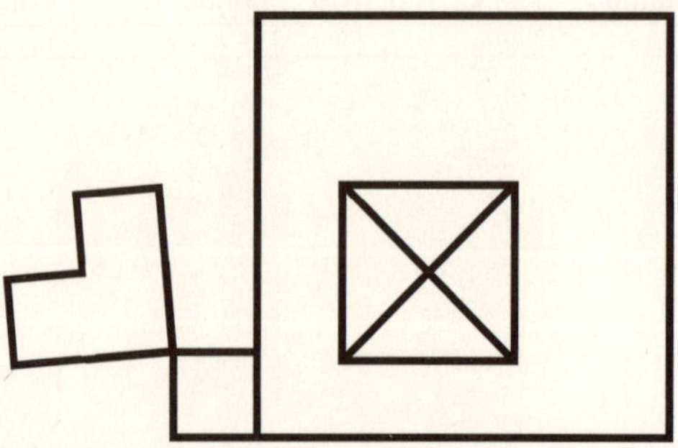

Solução: 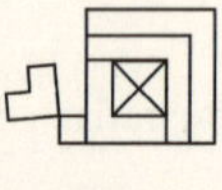

Sonâmbulos

Material: Sete peças recortadas, base do jogo.
Dificuldade: Difícil.
Objetivos:
- Melhorar a visão e o raciocínio espacial.
- Aprender a não desistir diante de um problema.

Desenvolvimento: São entregues algumas peças com as quais deve ser construída uma figura que é mostrada inteira. As peças do jogo são dadas recortadas, se possível em cartolina ou material resistente, para agilizar o jogo. Devem ser sempre usadas todas as peças.

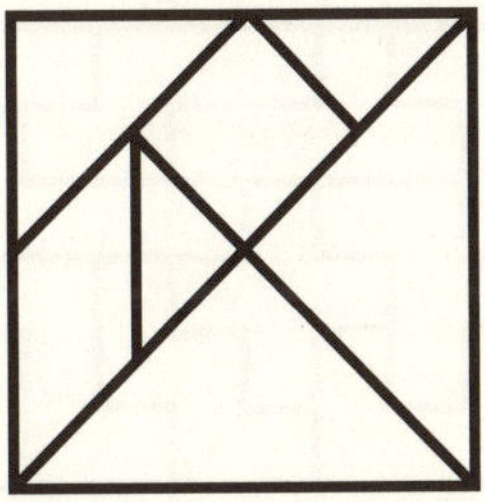

Com as sete peças que foram entregues você deve tentar construir estas duas figuras que parecem, mas não são iguais.
Só podem ser usadas as sete peças; nenhuma a mais, nenhuma a menos.

Solução: 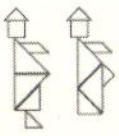

Locomotiva

Material: Doze peças recortadas, base do jogo.
Dificuldade: Média.
Objetivos:

- Melhorar a visão e o raciocínio espacial.
- Testar a tenacidade.

Desenvolvimento: São entregues algumas peças com as quais se deve construir uma figura que é mostrada inteira. As peças do jogo são dadas recortadas, se possível em cartolina ou um material resistente, para agilizar o jogo. Todas as peças devem ser sempre usadas.

Com as peças do jogo que foi entregue a você, construa a seguinte figura:

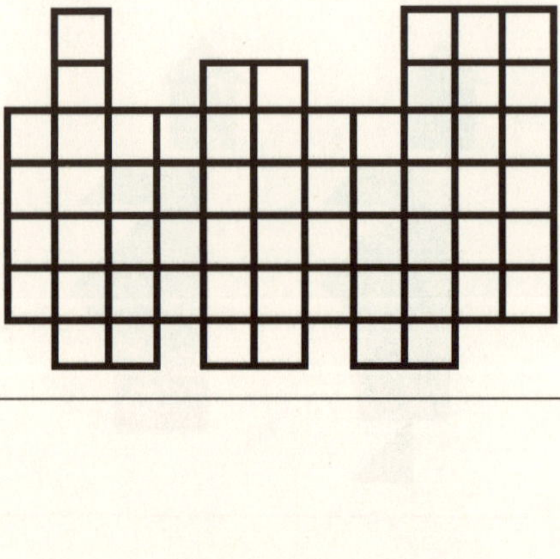

Solução: 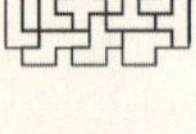

2. Traços, Tabuleiros e Fichas

Compor figuras

Oito peças travessas

Material: Fichas recortadas.
Dificuldade: Fácil.
Objetivos:

- Ajudar a deduzir estratégias.
- Autoavaliação.

Desenvolvimento: Em uma cartolina, reproduzir o desenho e recortá-lo para dar os pedaços ao jogador que deverá conseguir refazer o quadrado inicial. O jogador não deve ver o desenho abaixo, mas deve-se pedir a ele simplesmente que faça um quadrado perfeito com os pedaços.

Estas oito peças são entregues para que com elas você construa um quadrado perfeito, sem sobrar nenhuma nem ficar nenhum espaço em branco.

Quebra-cabeça a seis

Material: Fichas recortadas.
Dificuldade: Fácil.
Objetivos:

- Deduzir estratégias.
- Desenvolver o raciocínio e a visão espacial.

Desenvolvimento: O seguinte desenho deve ser reproduzido e recortado em uma cartolina para dar os pedaços ao jogador que deverá conseguir refazer o quadrado inicial. O jogador não deve ver o desenho abaixo, mas se deve pedir-lhe para simplesmente fazer um quadrado perfeito com esses pedaços.

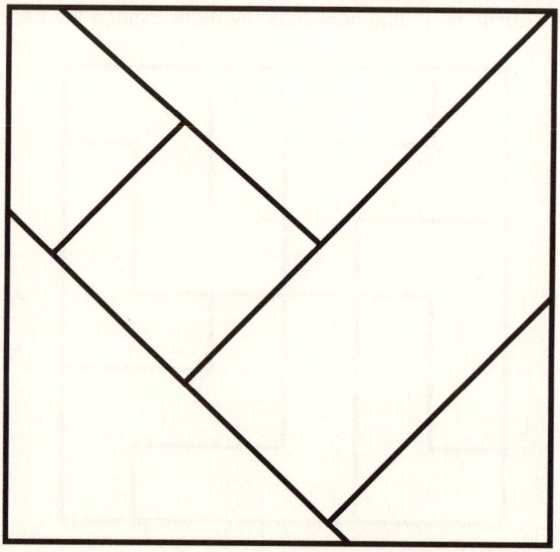

Estas 6 peças são entregues para que com elas você construa um quadrado perfeito, sem que sobre nenhuma nem fique nenhum espaço em branco.

O cata-vento

Material: Tabuleiro e 32 grãos-de-bico.

Dificuldade: Média.

Objetivos:

- Estimular a atenção e a concentração.
- Desenvolver a astúcia e o talento.
- Análise de situações.

Desenvolvimento: Trata-se de um jogo de tabuleiro em que vão sendo eliminadas fichas de uma forma determinada. Deve-se prestar bem atenção nos movimentos que são feitos e inclusive é recomendável anotá-los, para poder corrigi -los à medida que os resultados não forem satisfatórios. Por isso, é bom numerar o tabuleiro.

Todos os quadros estão ocupados por um grão-de-bico, menos o um, que fica vazio. Os grãos-de-bico serão eliminados ao pular uns por cima dos outros, como no jogo de damas, mas só que no sentido vertical e horizontal. Deve-se conseguir que, no final, fique somente um grão-de-bico no tabuleiro, colocado na casa um.

		1	2	3		
		4	5	6		
7	8	9	10	11	12	13
14	15	16	17	18	19	20
21	22	23	24	25	26	27
		28	29	30		
		31	32	33		

Solução: 9a1; 7a9; 10a8; 8a10; 6a4; 1a9; 18a6; 3a11; 20a18; 18a6; 30a18;27a25; 24a26; 28a30; 33a25; 18a30; 31a33; 33a25; 26a24; 16a18; 23a25; 25a11; 6a18; 13a11; 18a6; 9a11; 11a3; 3a1.

Passeio maluco

Material: Caneta e papel.
Dificuldade: Média.
Objetivos:

- Estimular a precisão.
- Ajudar a deduzir estratégias.
- Familiarização com uma ordem lógica.

Desenvolvimento: Deve ser realizado um percurso determinado sobre um tabuleiro. Para ganhar tempo, dê a cada jogador um tabuleiro pronto ou papel quadriculado para que possa ser feito com rapidez.

Devem ser percorridos os centros dos 64 quadrados com uma linha reta contínua, que só poderemos mexer no sentido vertical e horizontal. Deve-se começar pela casa A e terminar na B.
No décimo traço, passe pela casa da ponte (Ç) e vá em frente!
Que caminho vamos percorrer?

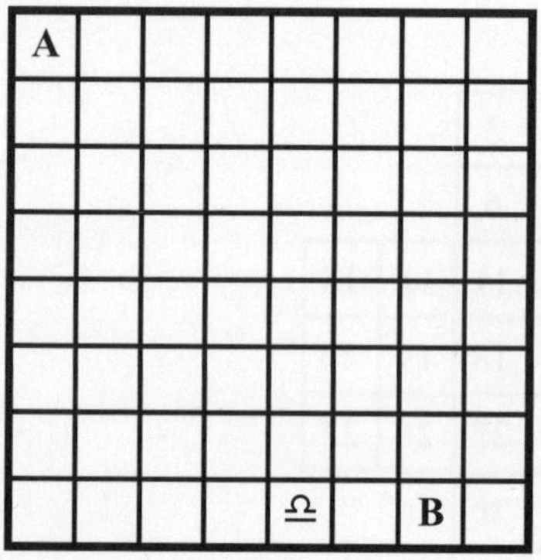
A
B

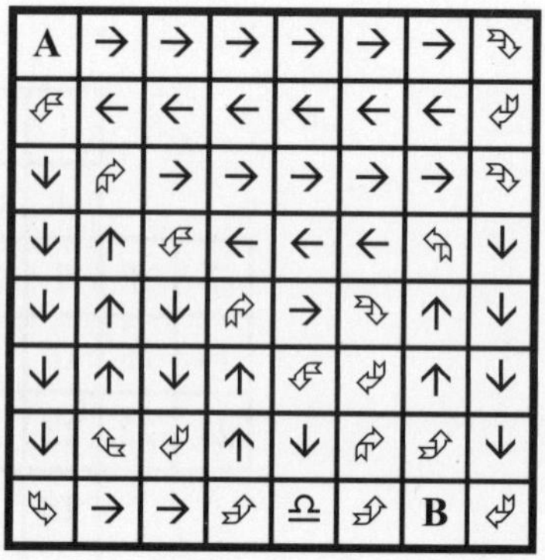
A
B

O percurso

Material: Caneta e papel.
Dificuldade: Média.
Objetivos:

- Estimular a precisão.
- Incentivar a tenacidade, aprender a não desistir.
- Familiarização com uma ordem lógica.

Desenvolvimento: Deve ser feito um percurso determinado sobre um tabuleiro. Para encurtar o tempo de jogo, deve ser dado a cada jogador um tabuleiro copiado em um papel ou um papel quadriculado.

Temos os pontos A e B e mais outros 62. Partindo de B, fazendo linhas retas devemos chegar ao ponto A, passando primeiro pelo centro dos outros 62 quadrados.
Podemos fazer o percurso na vertical, horizontal ou diagonal, inclusive umas linhas podem-se cruzar sobre as outras.
Você deve conseguir fazer o percurso com 14 linhas retas. Vai conseguir?

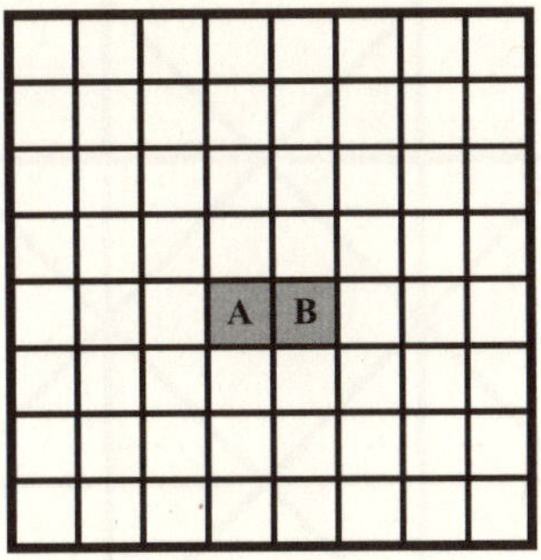
A
B

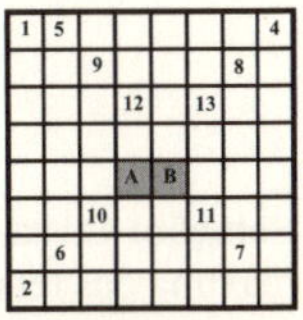
1
5
4
9
8
12
13
A
B
10
11
6
7
2

Solução: Começa-se pelo B (do B ao 1), como é pedido, e são traçadas linhas retas na ordem dos números. Depois do 13, ir para o A e assim terão sido traçadas as 14 linhas solicitadas.

Uma estrela gorda

Material: Caneta e papel.
Dificuldade: Fácil.
Objetivos:

- Estimular a precisão e o sentido da simetria.
- Incentivar a tenacidade, aprender a não desistir.
- Familiarização com uma ordem lógica.

Desenvolvimento: Explicar bem o jogo. Deve-se fazer a figura sem levantar o lápis do papel em momento algum nem nunca passar por cima de uma linha já existente, embora possa ser cruzada. Geralmente, começa-se e termina-se no mesmo ponto.

Você, que já ganhou mais de um concurso e nem sei quantas medalhas, resolva rapidamente o que vou lhe pedir:

Reproduza a figura abaixo com um só traço, sem levantar o lápis do papel.

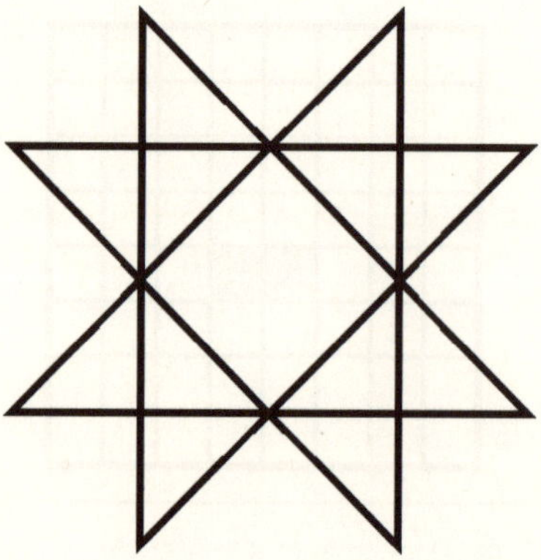

Solução: Basta começar por um vértice qualquer e continuar acompanhando a longitude máxima das retas da figura. O resultado vem sozinho.

Intrometida

Material: Caneta e papel.
Dificuldade: Média.
Objetivos:

- Estimular a precisão.
- Incentivar a tenacidade.
- Familiarização com uma ordem lógica.

Desenvolvimento: Explicar bem o jogo. Deve-se fazer a figura sem levantar o lápis do papel em momento algum, nem nunca passar por cima de uma linha já existente, embora possa ser cruzada. Geralmente, começa-se e termina-se no mesmo ponto.

Faremos um desenho igual ao que temos abaixo, de um só traço, isto é, sem levantar o lápis do papel, nem passar duas vezes por cima da mesma linha. Podemos, sim, cruzar uma linha já existente.

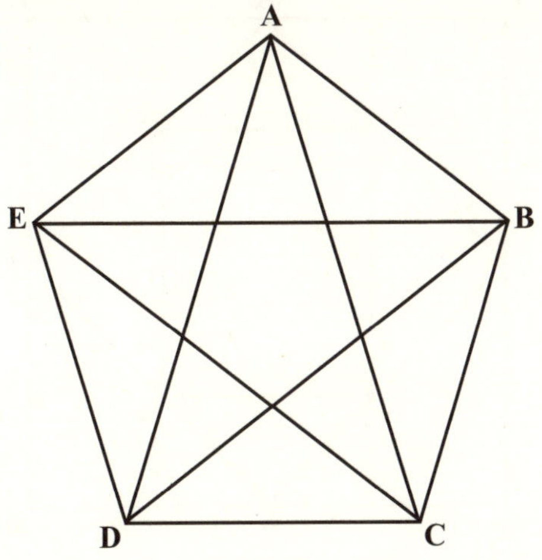
A
E
B
D
C

Solução: Acompanhar os pontos A, D, B, E, C, A pelos traços internos e depois continuar contornando, sem pressa.

Traço longo

Material: Caneta e papel.
Dificuldade: Difícil.
Objetivos:

- Estimular a precisão.
- Aprender a buscar alternativas para um problema.
- Familiarização com uma ordem lógica.

Desenvolvimento: Explicar bem o jogo. Deve-se fazer a figura sem levantar o lápis do papel em momento algum, nem nunca passar por cima de uma linha já existente, embora possa ser cruzada. Geralmente, começa-se e termina-se no mesmo ponto.

Vamos fazer o desenho abaixo com um só traço, ou seja, sem levantar em momento algum o lápis do papel e sem percorrer a mesma linha duas vezes.

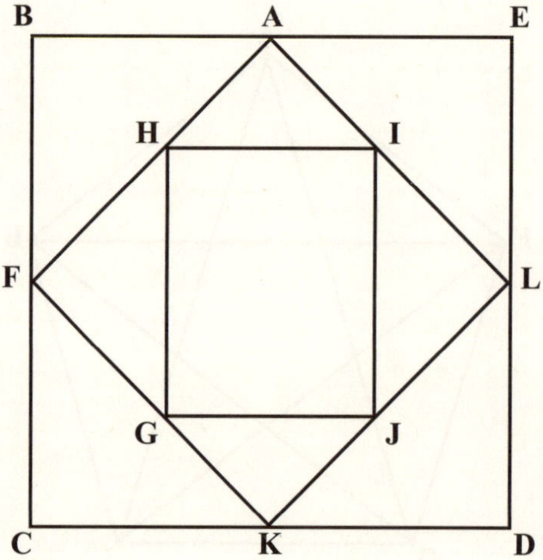
B
A
E
H
I
F
L
G
J
C
K
D

Solução: Traçar a linha com o seguinte itinerário: A-B-C-D-E-A-F-G-H-I-J-G-K-L-A.

Estrada simpática

Material: Caneta e papel.
Dificuldade: Difícil.
Objetivos:

- Estimular a precisão.
- Incentivar a tenacidade e a paciência.
- Familiarização com uma ordem lógica.

Desenvolvimento: Explicar bem o jogo. Deve-se fazer a figura sem levantar o lápis do papel em momento algum nem nunca passar por cima de uma linha já existente, embora possa ser cruzada. Geralmente, começa-se e termina-se no mesmo ponto.

Um papel e um lápis são suficientes para você ir traçando linhas, sem levantar o lápis do papel, para conseguir o desenho que colocamos abaixo.
Não passe, em momento algum, por cima de uma linha já traçada.
Você vai ver como é fácil.

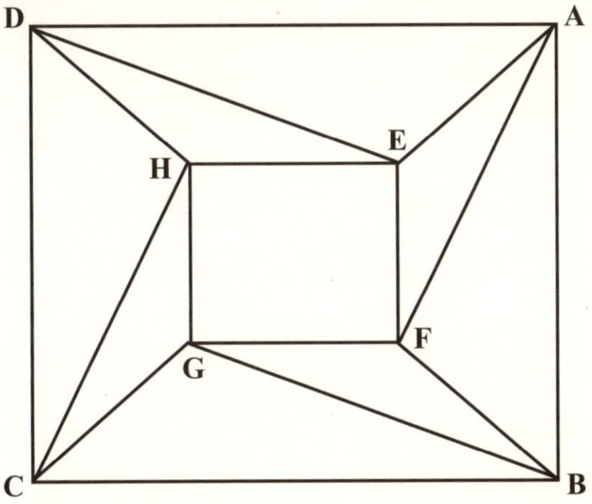
D
A
E
H
F
G
C
B

Solução: Deve-se fazer o seguinte percurso: A, B, C, D, A, depois A, E, F, G, H, E e, por último, E, D, H, C, G, B, F, A.

Pontos aos pares

Material: Caneta e papel.
Dificuldade: Média.
Objetivos:

- Facilitar o raciocínio visual.
- Aprender a observar de forma tranquila.
- Desenvolver a tenacidade e a paciência.

Desenvolvimento: Copiar os pontos do enunciado em um papel e estudar a solução. Para não esgotar a paciência, depois de um tempo pode ser dada uma dica que facilite a solução.

Estes quatro pontos devem ser unidos com 3 linhas retas, sob uma condição: ao traçar as linhas não levantar o lápis do papel, nem passar duas vezes pelo mesmo ponto.
Deve-se começar e terminar no mesmo lugar.

Solução:

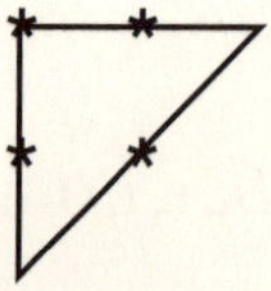

Moedagem

Material: Seis moedas.
Dificuldade: Fácil.
Objetivos:

- Facilitar o raciocínio visual.
- Aprender a observar de forma tranquila.
- Não desistir até achar a solução.

Desenvolvimento: Procurar seis moedas e tentar resolver o problema. Pode ser feito em cima de um papel, com o lápis.

Você está com moedas na mão.

A coisa é simples: coloque em linha reta três fileiras de três moedas cada uma.

Se você traçar uma linha unindo-as, ela deve ser reta.

Para você não achar que acertou por acaso, dê duas soluções.

Solução: 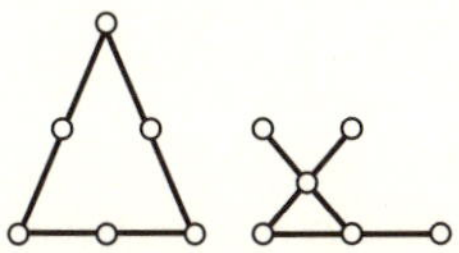

Nove pontos melhor que oito

Material: Caneta e papel.
Dificuldade: Média.
Objetivos:

- Facilitar o raciocínio visual.
- Aprender a observar de forma tranquila.
- Desenvolver a tenacidade e a paciência.

Desenvolvimento: Copiar os pontos do enunciado em um papel e estudar a solução. Se forem observadas muitas dificuldades para encontrar a resposta, pode-se dar alguma dica.

Traçar apenas quatro linhas retas para unir os nove pontos.
É proibido levantar o lápis do papel ou percorrer duas vezes a mesma linha.
Não é fácil nem difícil, muito pelo contrário.

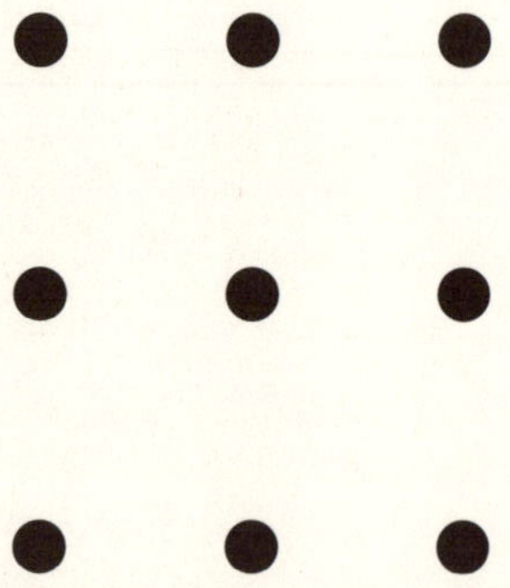

Solução:

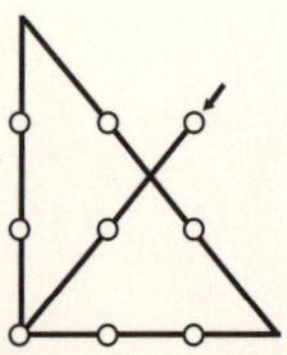

Jardineiro real

Material: Caneta e papel.
Dificuldade: Média.
Objetivos:

- Facilitar o raciocínio visual.
- Aprender a observar de forma tranquila.
- Desenvolver a tenacidade e a paciência.

Desenvolvimento: Copiar os pontos do enunciado em um papel e estudar a solução. Pode-se brincar para ver quem consegue resolvê-lo em menos tempo, fazê-lo entre várias pessoas, etc.

O jardineiro do rei é um homem inteligente.
E ele tem que ser mesmo, porque sempre recebe ordens esquisitas, que deve cumprir se não quiser perder o emprego no reino.
No mês passado, deram-lhe a ordem de plantar dezesseis macieiras em um terreno quadrado de tal forma que ficassem dez fileiras retas com quatro árvores cada uma. E ele conseguiu!
Como é que você faria no lugar dele?

Solução:

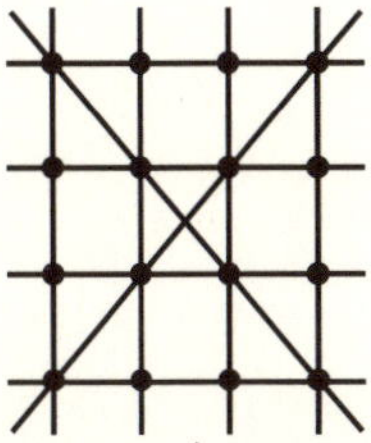

Era uma vez

Material: Caneta e papel.
Dificuldade: Difícil.
Objetivos:

- Facilitar o raciocínio visual.
- Aprender a observar de forma tranquila.
- Desenvolver a tenacidade e a paciência.

Desenvolvimento: Copiar os pontos do enunciado em um papel e estudar a solução. Pode ser dada alguma orientação, se for preciso.

A visita do mais general de todos os generais é anunciada em um quartel. Ele é um homem bom, como todos os generais, mas sempre quer ver os soldados formados em linha reta e de cinco em cinco.
Hoje ele vem com a expectativa de ver cinco linhas de cinco homens e o sargento está desesperado, pois só dispõe de 17 soldados.
Sorte que o recruta Zezinho, que é o mais novato, assoprou-lhe a solução. E eles conseguiram.
O general parabenizou o sargento. E foram felizes...
Como você teria colocado os 17 soldados para satisfazer o general?

Solução:

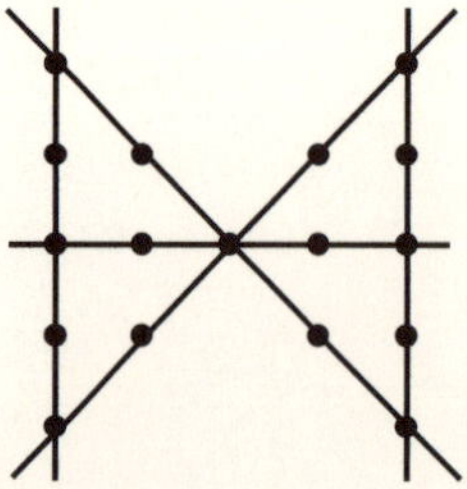

Circuito fechado

Material: Caneta e papel.
Dificuldade: Difícil.
Objetivos:

- Facilitar o raciocínio visual.
- Aprender a observar de forma tranquila.
- Desenvolver a tenacidade e a paciência.

Desenvolvimento: Copiar os pontos do enunciado em um papel e estudar a solução. Pode-se dar alguma pequena dica se for necessário.

Você deve unir estes 16 pontos com seis linhas retas.
Você não deve erguer o lápis do papel nem passar duas vezes por cima de qualquer linha já traçada.
Você deve começar e terminar no mesmo ponto, para conseguir o grande Circuito Fechado.
E, você já sabe, em circuito fechado não entram mosquitos. Parabéns!

Solução:

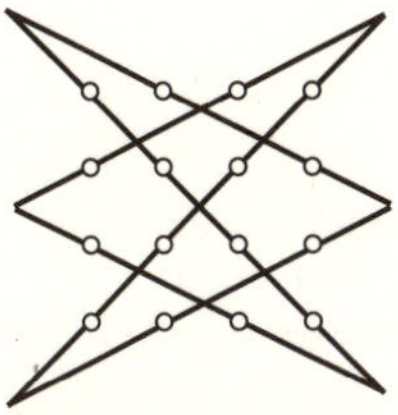

Três linhas decisivas

Material: Caneta e papel.
Dificuldade: Média.
Objetivos:

- Facilitar o raciocínio visual.
- Aprender a observar de forma tranquila.
- Desenvolver a tenacidade e a paciência.

Desenvolvimento: Traçar um quadrado em um papel e estudar a solução. Como dica, fale da importância de saber ler bem o enunciado.

Traçar um quadrado como o que temos abaixo e, com apenas três linhas, dividi-lo em oito partes.
O que você acha?

Solução: Pode-se esclarecer que em geometria entende-se por linha um traço contínuo, aberto ou fechado, reto ou curvo, razão pela qual uma circunferência é uma linha, como também o é o número 8. Além do mais, ninguém disse que as 8 partes deviam ser iguais.

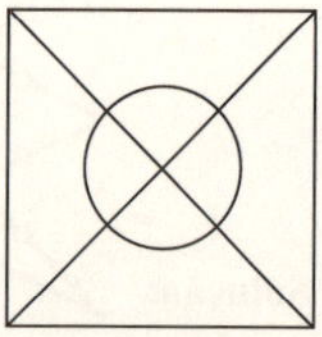

Quadrados e mais quadrados

Material: Caneta e papel.
Dificuldade: Difícil.
Objetivos:

- Facilitar o raciocínio visual.
- Aprender a observar de forma tranquila.
- Desenvolver a tenacidade e a paciência.

Desenvolvimento: Dar ao aluno uma cópia do seguinte quadrado. De acordo com a capacidade da criança, pode-se dar uns cinco minutos (ou mais) para que ela obtenha a solução.

Nessa teia de linhas estão escondidos um montão de quadrados. Uns pequenos, outros grandes e outros compostos de 4, 6... quadrados menores.
Você saberia dizer quantos quadrados, quadradinhos e quadradões há no desenho?

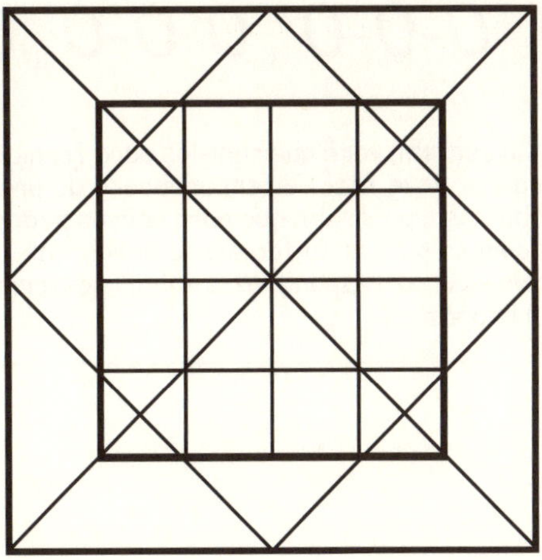

Solução: 40 quadrados.

Pouco trabalho

Material: Nenhum (ou papel e caneta).
Dificuldade: Média.
Objetivos:

- Desenvolver a astúcia e o talento.
- Estimular a visão espacial.
- Incentivar o uso da imaginação.

Desenvolvimento: Explicar o problema. Ele pode ser resolvido mentalmente, mas muitas crianças precisarão de lápis e papel para poder representá-lo graficamente e intuir melhor sua solução.

Você tem 5 pedaços de corrente com três elos cada um, como podemos ver no seguinte desenho:

0-0-0 0-0-0 0-0-0 0-0-0

Como eles soltos não servem, você quer uni-los para formar uma só corrente. Mas, como a pessoa que deve fazê-lo tem um pouco de preguiça, ela procura a forma menos trabalhosa, pois sabe que para unir os pedaços deve cortá-los para encaixar uns com os outros. Então ela se pergunta:
Quantos cortes, com suas correspondentes soldas posteriores, deverá fazer para conseguir seu propósito?

Solução: Deve-se abrir e fechar os três elos de um dos percursos colocando-os entre um e outro dos outros quatro percursos, por isso os espaços devem ser unidos.

Calcular ângulos

Material: Pode-se olhar o relógio.
Dificuldade: Média.
Objetivos:

- Revisar os conhecimentos geométricos.
- Resolver problemas numéricos.
- Conhecer estruturas espaciais.

Desenvolvimento: Sem olhar o relógio, responder em um minuto; se olhar o relógio para orientar-se, é suficiente menos de meio minuto.

Vamos ver se você é craque em ângulos.

Você sabe muito bem que um ângulo reto é formado quando um relógio, com seus ponteiros, marca 3 horas, formando um ângulo de 90°; e sabe que se o relógio marca 6 horas, o ângulo formado é de 180°.

Já que você sabe isso que é tão simples, não terá dificuldade nenhuma em me dizer quantos graus tem o ângulo que formam os ponteiros do relógio quando ele marca 8 horas.

Solução: 120º, já que a cada hora correspondem 30º (360 : 12 = 30). Logo, se às 9 horas temos 90º, às 8 horas somamos 30º, por ter uma hora a mais de diferença.

Poucas fichas

Material: Jogo de dominó.
Dificuldade: Fácil.
Objetivos:

- Emprego de operações elementares.
- Paciência; não desistir até conseguir alguma coisa.
- Seguir uma ordem.

Desenvolvimento: Dois ou três jogadores podem utilizar um dominó. Para ajudá-los, vamos dar apenas as fichas 0, 1, 2 e 3. Seria prático e educativo que as crianças fizessem elas próprias um jogo de dominó com cartolina, levando em consideração que há uma boa variedade de problemas a serem resolvidos com este jogo.

Este problema é bem tranquilo.
Você deve escolher quatro fichas de dominó com apenas 0, 1, 2 e 3, com as quais você deve formar um quadrado como o seguinte, fazendo com que cada um de seus quatro lados somem cinco pontos, que é um belo número.

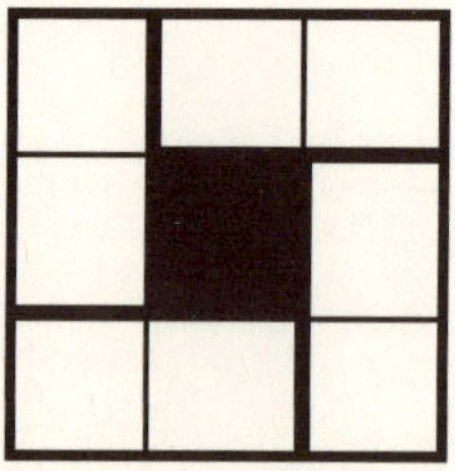

Solução:

2
3
2
1
2
2

Quinze fichas de dominó

Material: Jogo de dominó.
Dificuldade: Média.
Objetivos:

- Emprego de operações elementares.
- Paciência; não desistir até conseguir alguma coisa.
- Autoavaliação.

Desenvolvimento: Dois ou três jogadores podem utilizar um dominó. Para ajudá-los, vamos dar somente as fichas que contenham os pontos citados pelo enunciado.

Com as 15 peças com menos pontos de um jogo de dominó:

0-0; 0-1; 0-2; 0-3; 0-4
1-1; 1-2; 1-3; 1-4
2-2; 2-3; 2-4
3-3; 3-4
4-4

forme três retângulos como o da figura abaixo.
Você deve conseguir que cada um dos 12 lados dos 3 retângulos somem o mesmo número de pontos. Não é exigido que o número das peças vizinhas coincida.

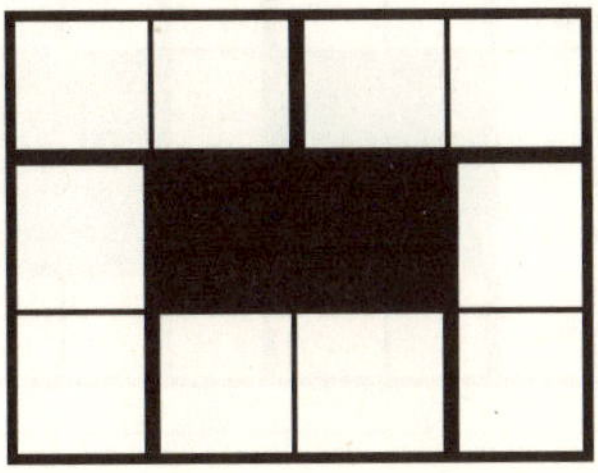

Solução:

1 3 4
4
4 4
4 1 3
2 2
2 1 2 3
4 2 2
1 3
3 1 1 3

As duas janelas

Material: Jogo de dominó.
Dificuldade: Média.
Objetivos:

- Buscar alternativas e soluções para um problema.
- Paciência; não desistir até conseguir alguma coisa.
- Seguir uma ordem.

Desenvolvimento: Dois ou três jogadores podem utilizar um dominó. Para ajudá-los, daremos a eles somente as fichas que contenham os pontos que são citados no enunciado.

Colocar as dez fichas com a menor pontuação de um jogo de dominó:

0-0; 0-1; 0-2; 0-3
1-1; 1-2; 1-3
2-2; 2-3
3-3

na situação que indica o desenho abaixo, de forma que as duas linhas horizontais somem o mesmo número de pontos que cada uma das três linhas verticais, que estão compostas por duas fichas cada.

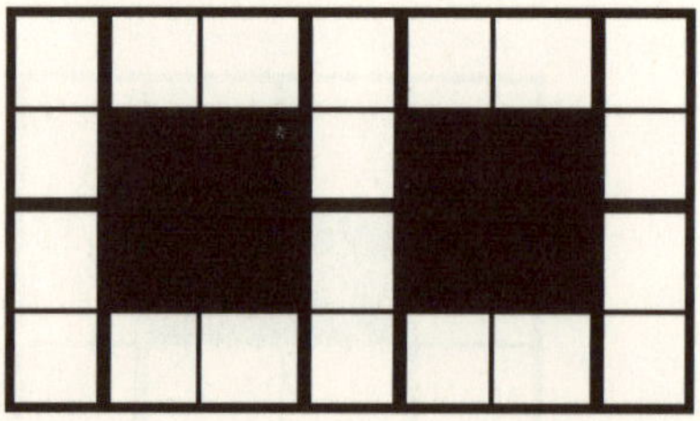

Solução:

2 1 1 1 3
2 3 3
1 3 2
3 2 2 1

Recomposição

Material: Caneta e papel.
Dificuldade: Média.
Objetivos:

- Empregar operações elementares.
- Paciência; não desistir até conseguir alguma coisa.
- Seguir uma ordem.

Desenvolvimento: Dividir o tabuleiro de forma concreta. Antes de começar a dividir, deve-se pensar quais linhas serão cortadas para poder chegar ao resultado solicitado. Caso perceba-se que não será possível chegar a uma solução, pode-se dar como dica uma das divisões possíveis.

Apresentamos um quadrado cheio de números que, de cara, não dizem muita coisa.

1	15	5	12
8	10	4	9
11	6	16	2
14	3	13	7

Esse quadrado deve ser cortado em quatro pedaços, seguindo algumas das linhas, de forma que ao fazer sua recomposição, mudando os pedaços de lugar e deixando o quadrado com os mesmos 4 x 4, consiga-se que a soma de cada uma de suas linhas horizontais, verticais e as duas diagonais somem 34. Está claro? Então, vamos lá!

Solução: 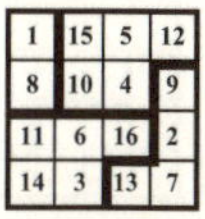
1 15 5 12
8 10 4 9
11 6 16 2
14 3 13 7
original 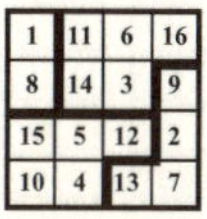
1 11 6 16
8 14 3 9
15 5 12 2
10 4 13 7
recomposição

Seis maneiras

Material: Caneta e papel.
Dificuldade: Média.
Objetivos:

- Busca de alternativas.
- Paciência; não desistir até conseguir alguma coisa.
- Seguir uma ordem.

Desenvolvimento: Dividir um tabuleiro de uma forma concreta. Antes de começar a divisão, é preciso definir quais linhas devem ser marcadas para poder chegar ao resultado solicitado.

Temos um tabuleiro de 4 x 4 quadrados de lado. O jogo consiste em traçar algumas linhas retas seguindo as linhas que estão no tabuleiro, partindo-o em duas partes iguais.

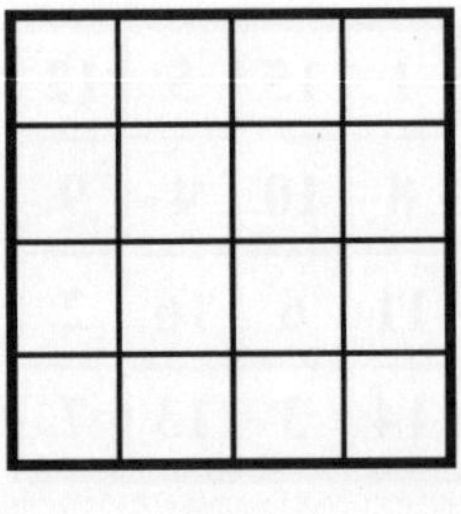

Como evidentemente a proposição provoca risos em mais de uma pessoa, pedirei ao leitor que consiga seis maneiras diferentes de resolver o problema. Agora a coisa muda, não é?

Solução:

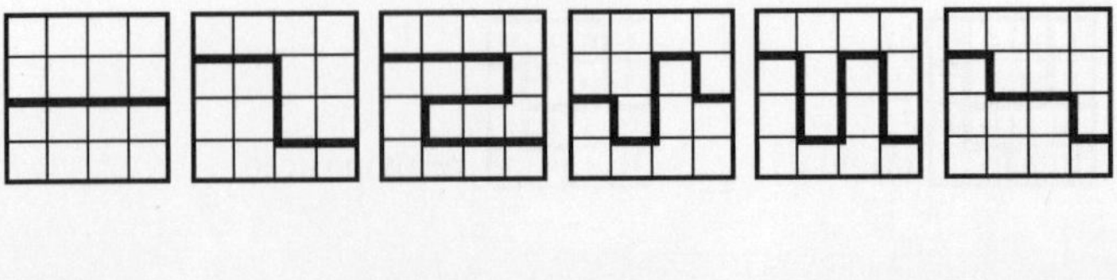

A herança

Material: Caneta e papel.
Dificuldade: Difícil.
Objetivos:

- Melhorar a visão espacial.
- Paciência; não desistir até conseguir alguma coisa.
- Seguir uma ordem.

Desenvolvimento: Dividir um tabuleiro de forma concreta. Antes de começar a divisão, é preciso definir quais linhas devem ser marcadas para poder chegar ao resultado solicitado.

Um homem morreu e deixou um pequeno terreno onde havia construído quatro lindos chalés (ch) para seus quatro sobrinhos.

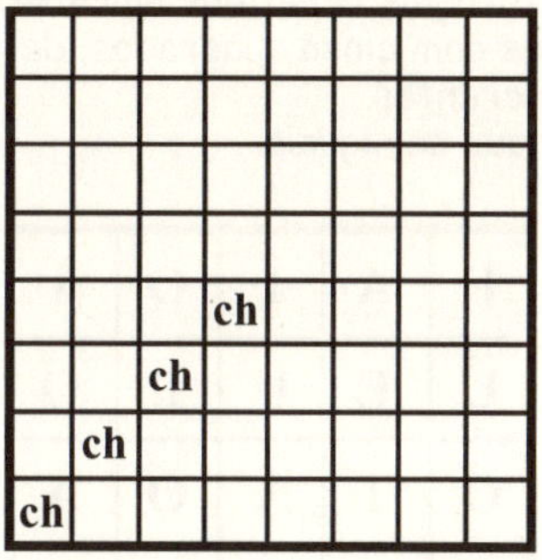
ch
ch
ch
ch

Mas havia uma condição: eles só poderiam ficar com os chalés se conseguissem dividir o terreno em quatro partes exatamente iguais em forma e superfície e se, em cada uma das partes, estivesse um dos chalés. A coisa ficou feia. Como eles fizeram a divisão?

Solução:

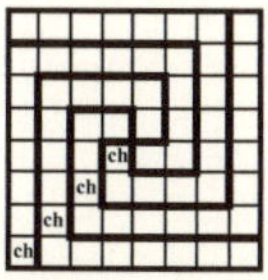
ch
ch
ch
ch

Dança de vogais

Material: Caneta e papel.
Dificuldade: Média.
Objetivos:

- Busca de alternativas.
- Paciência; não desistir até conseguir alguma coisa.
- Seguir uma ordem.

Desenvolvimento: Dividir um tabuleiro de forma concreta. Antes de começar a divisão, é preciso definir quais linhas devem ser cortadas para chegar ao resultado solicitado. Caso se perceba que não será possível chegar a uma solução pode-se dar como dica uma das divisões possíveis.

Neste quadrado há cinco vogais repetidas cinco vezes. Você deve dividir o quadrado em cinco partes com cinco quadrados, de forma que cada um contenha as cinco vogais diferentes.
As divisões não têm por que ser iguais.

E	A	I	O	I
U	E	U	E	O
O	I	A	O	A
I	U	E	A	I
A	O	U	E	U

Solução: 

Recortando

Material: Caneta e papel.
Dificuldade: Difícil.
Objetivos:

- Buscar soluções para um problema.
- Paciência; não desistir até conseguir alguma coisa.
- Seguir uma ordem.

Desenvolvimento: Dividir um tabuleiro de forma concreta. Antes de começar a divisão, é preciso definir quais linhas devem ser cortadas para chegar ao resultado solicitado.

Dividir o quadrado seguinte em quatro partes iguais. O total da soma dos quadrados de cada parte deve ser igual a 45.

3	9	5	1	4	3
8	6	2	7	5	8
9	7	1	8	3	1
4	5	3	9	7	6
2	6	8	6	1	2
7	4	5	2	9	4

Solução:

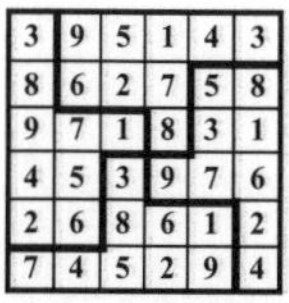

Dividir o treze

Material: Caneta e papel.
Dificuldade: Difícil.
Objetivos:

- Buscar soluções para um problema.
- Paciência; não desistir até conseguir alguma coisa.
- Seguir uma ordem.

Desenvolvimento: Dividir um tabuleiro de forma concreta. Antes de começar a divisão, é preciso definir quais linhas devem ser cortadas para chegar ao resultado solicitado. Caso se perceba que não será possível chegar a uma solução, pode-se dar como dica uma das divisões possíveis.

Se não me engano, este quadrado com 13 x 13 quadradinhos de lado contém 169 quadradinhos. Dentro desse quadrado estão escondidos 11 quadrados menores e de tamanhos diferentes, formados por vários quadradinhos cada um. Você deve encontrá-los e não deve sobrar nem faltar nenhum quadradinho; eles devem caber, ficando bem colocados.

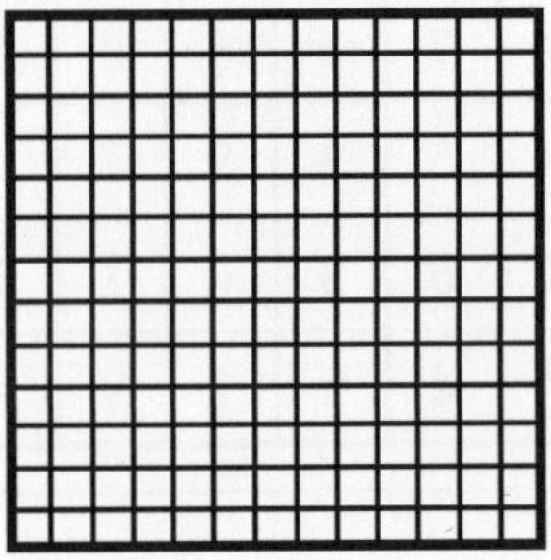

Solução:

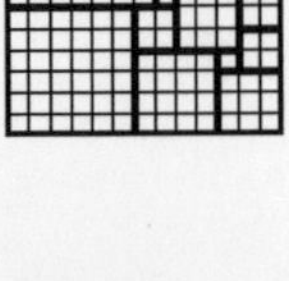

3. Brincando com nossa linguagem

Fugas de vogais e consoantes

A roda

Material: Caneta e papel.
Dificuldade: Fácil.
Objetivos:

- Melhorar a memória.
- Agilizar a expressão oral.
- Conhecimento de nosso idioma.

Desenvolvimento: Entrega-se um trava-línguas para ser memorizado em dois minutos, sem indicar o que deverá ser feito a seguir. Depois desse tempo, pede-se ao aluno para escrevê-lo (ou recitá-lo). Se não conseguir da primeira vez, pode-se dar uma segunda chance.

Trate de memorizar o seguinte trava-língua. Você tem dois minutos. Depois disso, tente fazer o que é pedido no verso desta ficha.

"Rodo e rodo com a roda,
se na roda tombo,
quebro o ombro."

Verso da ficha: Quantas vezes aparece a letra R no trava-língua?

Solução: 6 vezes.
Variante: Pode-se pedir para recitar, em vez de escrever.

Piu, piu

Material: Lápis e papel.
Dificuldade: Difícil.
Objetivos:

- Melhorar a memória.
- Agilizar a expressão oral.
- Conhecer nosso idioma.

Desenvolvimento: Entrega-se um trava-língua para que o aluno o memorize em três minutos. Depois desse tempo, ele encontrará no verso da ficha uma pergunta que deverá responder.

Você tem três minutos para tentar lembrar do seguinte trava-língua. Depois desse tempo, você deve virar a ficha e responder à pergunta.

Piu, piu, passarinheiro,
Passarinhos, piu, piu
Piam, piam, passarinhos
Piu, piu, passarinheiro.
Passarinheiro, passarinhos,
Passarinhos, passarinheiro.

Verso da ficha: Quantas vezes repete-se a palavra "passarinheiro" no texto que você acaba de ler?

Solução: 4 vezes.

Adivinhação fantasma

Material: Caneta.
Dificuldade: Difícil.
Objetivos:

- Melhorar a memória.
- Compreensão leitora.
- Conhecer nosso idioma.

Desenvolvimento: Acertar uma adivinhação em que primeiro devem ser colocadas as vogais que faltam e que estão marcadas com um asterisco (*).

Você deve acertar a seguinte adivinhação; para isso, deve primeiro colocar as vogais que faltam e que estão marcadas com um * cada uma.

Q**m s*r*, q**m ser*,
Q** d* n**t* *s v*z*s *p*r*c* d* d** v** *mb*r*?

Solução: Quem será, quem será, que de noite às vezes aparece e de dia vai embora? = a lua.
Variante: Podem faltar menos vogais, ou algumas vogais e consoantes, etc.

Mais adivinhações

Material: Nenhum.
Dificuldade: Média.
Objetivos:

- Desenvolver o talento.
- Estimular a capacidade de associação de ideias.
- Conhecer nosso idioma.

Desenvolvimento: Acertar uma adivinhação. Pode-se ler e pedir para cada aluno encontrar uma solução, ou se fazer grupos em que cada um discuta a resposta possível. Podem ser propostas adivinhações mais ou menos complicadas, dependendo dos alunos.

O que é, o que é que quando você os larga eles ficam e quando você os amarra eles vão embora?

Solução: Os sapatos.

Palavras-cruzadas sobre "o carro"

Material: Caneta.
Dificuldade: Média.
Objetivos:

- Desenvolver a visão espacial.
- Aquisição de vocabulário.
- Estimular a capacidade de associação de ideias.

Desenvolvimento: Deve-se completar as seguintes palavras cruzadas em três minutos.

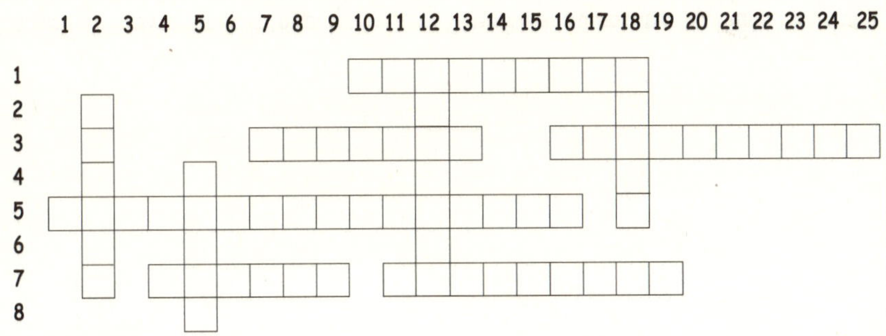

Horizontais:
1. Serve para mudar de marcha.
3. Gira e costuma ser redondo. / Com ele vemos se algum carro vem por trás
5. É de uso obrigatório e pode-nos salvar a vida.
7. Podem ser altos ou baixos, sendo imprescindíveis à noite. / Vidro da frente.

Verticais:
2. Servem para reduzir a velocidade do veículo.
5. Os carros têm cinco, embora usem quatro ao mesmo tempo.
12. Se não estiver carregada, o carro não anda e deve ser empurrado.
18. Alguns parecem estábulos, de tantos cavalos que têm (Singular).

Solução:

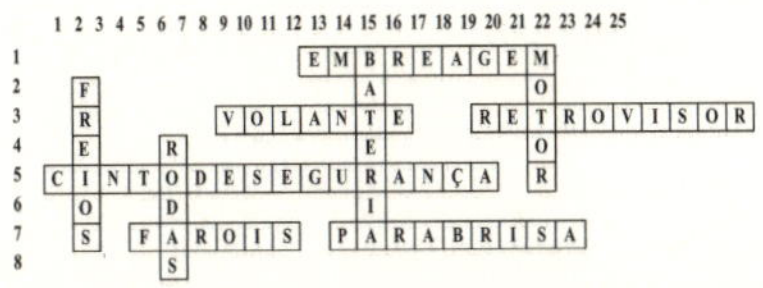
EMBREAGEM
VOLANTE
RETROVISOR
CINTODESEGURANÇA
FAROIS
PARABRISA
FREIOS
RODAS
BATERIA
MOTOR

Acorrentados de medo

Material: Caneta.
Dificuldade: Média.
Objetivos:

- Desenvolver a visão espacial.
- Aquisição de vocabulário.
- Estimular a capacidade de associação de ideias.

Desenvolvimento: Colocar as seguintes palavras nas casinhas em branco, uma por casinha. Deve-se começar pela única letra escrita e ir deduzindo onde vão as outras.

Coloque as seguintes palavras (uma letra em cada casinha) no seguinte quadrado, começando pela letra que aparece e deduzindo onde fica cada palavra.
Palavras: vampiro, fantasma, sangue, grito, escuridão, bruxa, névoa, monstro.

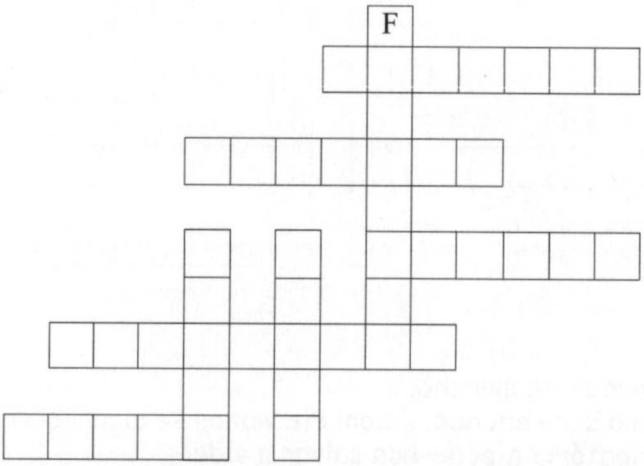
F

Solução:

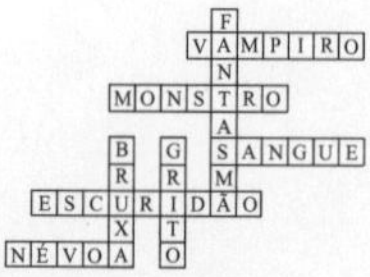
F
VAMPIRO
N
MONSTRO
A
B G SANGUE
R R M
ESCURIDÃO
X T
NÉVOA O

O discurso

Material: Nenhum.
Dificuldade: Média.
Objetivos:

- Melhorar a capacidade verbal.
- Aprender a falar em público.
- Superar a timidez.

Desenvolvimento: Um aluno fala sem parar durante dois minutos sobre um tema escolhido. No final, o educador – em particular – pode comentar o que foi bem explicado e o que pode ser melhorado. Também pode-se pedir aos outros alunos para criticarem (de forma construtiva) a intervenção do orador. Se o exercício for repetido com assuntos diferentes, ao longo do tempo, será notada uma melhoria.

Propomos a você um desafio: você deve falar durante dois minutos sem parar com seus colegas sobre o tema:

A CHUVA

Se você se sentir com forças, continue falando até não ter mais o que dizer. Depois, ouça os conselhos sobre os aspectos que podem ser melhorados.

Variante: Pode-se permitir um tempo de preparação cautelosa (dois ou três minutos) ou fazer com que o discurso seja mais longo, mas deixando que o orador possa consultar algum livro e trazer anotações (ou não). Também pode-se deixar que a pessoa que for fazê-lo escolha o tema do discurso.

Sua história

Material: Nenhum.
Dificuldade: Fácil.
Objetivos:

- Melhorar a capacidade verbal.
- Aprender a falar em público.
- Desenvolver a imaginação.

Desenvolvimento: Entrega-se uma ficha com uma série de palavras que o aluno deve utilizar para contar uma breve história, desde que seja verossímil. No final, o educador (ou os outros alunos) pode fazer as sugestões que ache necessárias sobre os pontos mais frágeis da narração e destacar também os acertos.

Agora você tem que nos contar uma história curta, fantástica ou real, utilizando as seguintes palavras:

PATO DONALD
FÉRIAS
MARIA
TREM
PARIS

Você tem dois minutos para pensar e um para contá-la. Ânimo!

Variante: Pode-se pedir aos assistentes para dizerem palavras aleatoriamente (cinco a dez) sem que saibam o que vai ser pedido e depois explicar o jogo. Também pode-se fazer por escrito, inclusive pode-se ler no final todas as histórias e escolher, entre todas, a melhor; assim, os alunos enriquecem-se uns aos outros.

O grande teste

Material: Caneta (não lápis).
Dificuldade: Média.
Objetivos:

- Melhorar a compreensão leitora.
- Proporcionar experiências.
- Conhecimento de nosso idioma.

Desenvolvimento: Trata-se de mostrar aos alunos que, muitas vezes, devido à pressa, eles leem mal e cometem erros ou não sabem resolver um problema corretamente. Entrega-se o teste e uma caneta (não um lápis) aos alunos e pede-se a eles para completá-lo em três minutos. Recolhem-se as folhas e comenta-se o resultado. A maioria não deverá prestar atenção ao ponto um e irá escrevendo com caneta todos os pontos até chegar ao último, que é quando percebe que errou. É importante insistir na necessidade de ler bem as perguntas, os problemas dos exames, ouvir os outros, etc. para evitar mal-entendidos.

1. Em primeiro lugar, leia com atenção o texto todo até o final.
2. Escreva seu nome e sobrenomes na parte superior direita da folha.
3. Sublinhe a palavra "nome" do ponto anterior.
4. Acima e à esquerda da folha, desenhe cinco quadrados pequenos.
5. Faça um círculo ao redor de cada quadrado.
6. Na margem inferior da folha, multiplique 70 por 32.
7. Desenhe uma árvore no espaço em branco da folha.
8. Escreva, em letras bem grandes, atrás dessa folha, o número 107.
9. Se você for o primeiro a chegar a este ponto, diga em voz alta: "Sou o primeiro."
10. Agora, se você leu o texto todo com atenção, responda somente à segunda pergunta e entregue sua folha ao professor.

Variante: Podem ser trocadas as perguntas, colocar mais, etc.

Extra, extra!

Material: Caneta e lápis.
Dificuldade: Média.
Objetivos:

- Melhorar a capacidade verbal.
- Desenvolver a capacidade de associação de ideias.
- Desenvolver a imaginação.

Desenvolvimento: Entrega-se uma ficha em que aparece uma notícia fora de ordem e sem título; deve-se buscar a ordem lógica e propor um título. As notícias são reais, assim na solução deve aparecer o título e o texto do jornal, mas podem haver outras opções originais igualmente válidas, que o professor deverá julgar.

Acabou de chegar uma notícia muito importante no jornal, mas o portador que a trazia enganou-se e, em vez de rasgar uma folha sem importância, rasgou a folha em que ela estava escrita e, além do mais, não acha o pedaço de papel onde estava o título. Você seria capaz de reconstruir a notícia e lhe dar um título curto e atraente?
"Os policiais, usando uma vassoura, caçaram uma lagartixa no banheiro da casa, depois de uma breve perseguição, restabelecendo assim a normalidade.
Vários agentes se deslocaram até o local, onde Covadonga Martínez lhes relatou que estava totalmente aterrorizada por ter encontrado uma lagartixa em sua casa, solicitando-lhes que a livrassem do réptil.
Covadonga Martínez, moradora de Palma de Mallorca, ligou para a polícia do município às duas da madrugada do domingo passado para comunicar que tinha um grave problema em seu domicílio."

Solução: "Covadonga Martínez, moradora de Palma de Mallorca, ligou para a polícia do município às duas da madrugada do domingo passado para comunicar que tinha um grave problema em seu domicílio. Vários agentes se deslocaram até o local, onde Covadonga Martínez lhes relatou que estava totalmente aterrorizada por ter encontrado uma lagartixa em sua casa, solicitando-lhes que a livrassem do réptil. Os policiais, usando uma vassoura, caçaram uma lagartixa no banheiro da casa, depois de uma breve perseguição, restabelecendo assim a normalidade".
Variante: A notícia pode ser mais desestruturada, etc.

Escapou!

Material: Nenhum.
Dificuldade: Fácil.
Objetivos:

- Conhecer o abecedário.
- Melhorar a capacidade de observação.
- Desenvolver a memória.

Desenvolvimento: Entrega-se um papel em que se escreveu todas as letras do abecedário, menos uma, que deverá ser descoberta. Pode ser feito com lápis e papel ou sem eles, dependendo da capacidade de quem vai resolvê-lo. Dê um tempo relativamente curto para achar a solução, uns 30", de acordo com a idade e os conhecimentos dos alunos.

Efetivamente, escapou.
O aprendiz de escritor escreveu cuidadosamente o abecedário para não esquecê-lo, mas... deixou escapar uma letra. Vejamos o que ele anotou:

A		X	E	O	G	U
J	C	W	Y	V	K	M
S	Z	P	I	Q	B	D
L		N		H	R	F

Agora perguntamos: que letra ele esqueceu de anotar?

Solução: A letra **T.**

Qual é?

Material: Nenhum.
Dificuldade: Média.
Objetivos:

- Conhecer nosso abecedário.
- Melhorar a capacidade de observação.
- Desenvolver a memória.

Desenvolvimento: Expor o enunciado e dar dois ou três minutos para pensar no nome pedido. Pode-se também, depois de expor o enunciado, ir para outro jogo e dar o resultado depois.

> Você tem algum amigo que se chama Carlos? Você deve conhecer algum. Trata-se de você me dar um nome masculino que não tenha nenhuma das letras da palavra Carlos.
> Qual é esse nome?

Solução: Há vários nomes possíveis. Vale aqui a atenção do aluno.

Escondidos estão

Material: Nenhum.
Dificuldade: Média.
Objetivos:

- Conhecer nosso idioma.
- Melhorar a capacidade de observação.
- Compreensão de leitura.

Desenvolvimento: Dar aos jogadores a seguinte lista que detalhamos para, em um tempo limitado, encontrar as soluções. Em cada ponto existe camuflado um nome de homem ou mulher escrito dentro de uma palavra ou uma parte dele no final de uma palavra e a outra no princípio da seguinte.

Aqui você tem 10 frases em que estão ocultos nomes de homens ou mulheres.
Por exemplo na frase:
Caminhan<u>do</u> <u>ra</u>pidamente escapou da chuva.
Podemos encontrar o nome <u>Dora.</u>

1. É a menina cujo semblante parecia triste.
2. Que este seja seu lema: ria e sorria para alegrar a vida.
3. Se não pagas, partirás para outros lugares distantes.
4. Ocorre muita chuva nessa região.
5. É este o erro que cometeu.
6. Quando vi a confusão corri também.
7. Entrar no mar custou-lhe a vida.
8. A tropa, bloqueada, não conseguiu escapar.
9. Fabricar mensagens não era precisamente seu forte.
10. Coma teus doces que eu como os meus.

Você pode me dizer os 10 nomes?

Soluções: 1. José; 2. Maria; 3. Gaspar; 4. Vanessa; 5. Roque; 6. Rita; 7. Marcus; 8. Pablo; 9. Carmen; 10. Mateus.

Salvo por uma vírgula

Material: Caneta e papel.
Dificuldade: Difícil.
Objetivos:

- Conhecer nosso idioma.
- Melhorar a capacidade de observação.
- Desenvolver a compreensão de leitura.

Desenvolvimento: Dê três ou quatro minutos de tempo (de acordo com a idade) para tentar encontrar a solução. Deve-se dar duas soluções: uma escrevendo o telegrama tal como foi recebido, com sua vírgula correspondente, e a outra escrevendo o mesmo telegrama, mas com a vírgula em outro lugar.

A um condenado à prisão perpétua foi enviado o seguinte telegrama, informando sobre a pena.
O telegrama tinha 7 palavras fora de ordem e uma vírgula. E o ponto final, claro:

"SENTENÇA SEJA PERDÃO A
CUMPRIDA QUE IMPOSSÍVEL"

O condenado tinha que devolvê-lo ao Governador para que ele desse a ordem de execução da sentença. Percebeu, então, que mudando uma vírgula de lugar o sentido da frase lhe seria favorável e não contrário.
O que dizia o telegrama e qual foi a mudança da tal vírgula?
Primeiro, você deve ordenar as palavras do telegrama, colocando a vírgula em seu lugar. Depois, mudando a vírgula de lugar, mude o sentido do tal comunicado.

Soluções: 1. Perdão impossível, que seja cumprida a sentença. 2. Perdão, impossível que seja cumprida a sentença.

A última é a primeira

Material: Caneta e papel.
Dificuldade: Fácil.
Objetivos:

- Exercitar a memória.
- Melhorar a capacidade de observação.
- Conhecer nosso idioma.

Desenvolvimento: Escrever em um papel o que é pedido no enunciado, embora, de acordo com os conhecimentos dos alunos, possa ser ampliado o número de palavras. No final, cada um lerá o que escreveu e os outros escreverão embaixo de seu trabalho os nomes que não aparecem em sua lista. Vocês ficarão surpresos ao perceberem como a lista se amplia. Dar cinco ou seis minutos para responder.

Encontre 12 palavras que comecem com Z e terminem com A, isto é, que comecem com a última letra do abecedário e terminem com a primeira. Escreva-as sem se precipitar, pois existem muito mais do que 12.

Soluções: Entre outras podem ser: zabumba, zaga, zagala, zambeta, zamboa, zamboada, zamboeira, zambra, zambuja, zanga, zangada, zangalhona.

Você sabe ler ao contrário?

Material: Caneta e papel.
Dificuldade: Fácil.
Objetivos:

- Aprender a falar.
- Melhorar a capacidade de observação.
- Desenvolver a memória.

Desenvolvimento: Ler o que está escrito, só que ao contrário, isto é, começando pela última palavra e lendo da direita para a esquerda. Enquanto se faz a leitura pode-se recitar oralmente ou ir escrevendo. Depois deve-se explicar o que é perguntado.

Leia o seguinte texto em voz alta, começando pela última palavra (parte inferior direita do texto).

Deve-se ir lendo ao contrário as palavras completas, como se faz normalmente. Quando terminar de ler, responda à pergunta.

Inundados campos em plantam o por que? Arroz plantarem japoneses ou chineses, indonésios televisão na viu você certeza com.

Solução: Há plantas que têm uma grande necessidade de água, como é o caso do arroz, e que sem ela pouco durariam. Trata-se, geralmente, daquelas que vivem em terrenos alagadiços.

Caos de letras

Material: Papel e caneta.
Dificuldade: Fácil.
Objetivos:

- Revisar conhecimentos de História, Geografia, etc.
- Melhorar o raciocínio verbal.
- Desenvolver a memória.

Desenvolvimento: Em quatro ou cinco minutos o aluno deve escrever corretamente dez palavras com as letras que as compõem mostradas em total desordem. Escreva em um papel o que é pedido.

Você tem quatro minutos para escrever corretamente os seguintes nomes. Tratam-se de palavras cujas letras foram embaralhadas, sem nenhuma ordem. Cada uma responde ao enunciado da frente.

Personagem histórica: paleoãno
Nome de mulher: airanma
Região brasileira: tesderno
Capital de um país: rispa
Grau militar: gotrenas
Monumento egípcio: igefnes
Mar: iscápo
Nome de homem: tonestre
Rio americano: ocroino
País asiático: pojãa

Soluções: Napoleão - Mariana - Nordeste - Paris - Sargento - Esfinge - Cáspio - Ernesto - Orinoco - Japão.

Cinco vogais

Material: Caneta e papel.
Dificuldade: Difícil.
Objetivos:

- Conhecer nosso abecedário.
- Melhorar a capacidade de observação.
- Desenvolver a memória.

Desenvolvimento: Escreva em um papel o que é pedido. Sabendo que sem esforço podemos encontrar facilmente uma centena de palavras com as características pedidas, podemos solicitar mais do que cinco, dependendo da idade e do conhecimento dos alunos.

Pegue um papel e uma caneta e escreva no mínimo 10 palavras que contenham as cinco vogais uma só vez. Não pense você que estamos pedindo a lua, pois há dúzias delas; é só questão de pensar um pouquinho.

....

....

....

....

....

....

....

....

....

....

Soluções: Averiguo - Computáveis - Equivocar - Republicano - Ajeitou - Comunicasse - Feudalismo - Eucalipto - Estudiosa - Subvencionar.

Uma letra que fugiu

Material: Caneta e papel.
Dificuldade: Média.
Objetivos:

- Conhecer nosso abecedário.
- Melhorar a capacidade de observação.
- Desenvolver a memória.

Desenvolvimento: Da maneira que o aluno achar mais fácil, ele deve contabilizar as letras do alfabeto e ver qual delas está ausente no seguinte texto. Podem ser usados caneta e papel ou fazê-lo de memória; a questão é que ele diga qual é a letra que falta.

Leia com atenção a seguinte frase:

"Quando visitei Washington cumprimentei os senhores Maxy Jacobo Zoki, que naqueles dias tinham um negócio de chapas e chaves."

Garanto a você que nela estão escritas todas as letras do nosso abecedário, menos uma, e você deve me dizer qual é. Você pode voltar a ler a frase quantas vezes quiser, mas considere que tem meio minuto para responder-me. Tudo bem?

Solução: Trata-se da letra F.

Sua notícia

Material: Algum jornal. Podem ser usadas tesouras ou pode-se cortar à mão.

Dificuldade: Fácil.

Objetivos:

- Conhecer nosso idioma.
- Melhorar a capacidade de observação.
- Familiarização com os meios de comunicação.

Desenvolvimento: Entrega-se a cada aluno uma folha de jornal e pede-se a eles que, recortando palavras e colocando-as uma atrás das outras, escrevam uma frase coerente de pelo menos dez palavras (de acordo com a idade e os conhecimentos).

> Com esta folha de jornal que está sendo entregue, você deve saber elaborar uma frase que tenha sentido e seja o mais longa possível, usando no mínimo dez palavras.
>
> ....
>
> ....

Esquecimento imperdoável

Material: Nenhum.
Dificuldade: Fácil.
Objetivos:

- Revisar conhecimentos históricos.
- Refletir sobre a importância de algo cotidiano.
- Familiarização com o uso de enciclopédias.

Desenvolvimento: Deve-se responder a uma pergunta; pode-se dar a opção de consultar alguma enciclopédia, propiciando uma conversa sobre a história dos números.

Os romanos foram um povo fantástico: construíram grandes vias para locomover-se por todos seus territórios; seus aquedutos podem ser contemplados até hoje; suas legiões eram temidas por seus inimigos, etc., mas na hora de escrever, principalmente os números, foram um desastre.

No lugar dos números, usavam letras e dessa forma se entendiam.

Mas nem tudo era perfeito: quando pensaram em escrever os números e as cifras por meio de letras, tiveram um esquecimento imperdoável: em sua invenção, esqueceram-se de representar uma das cifras e não perceberam.

Você sabe que cifra foi essa?

Solução: O número “0”, um número que não vale nada, mas que é de grande utilidade.

4. Desfazendo Confusões

Problemas simpáticos

A confusão das laranjas

Material: Caneta e papel.
Dificuldade: Média.
Objetivos:

- Melhorar a compreensão de leitura.
- Realizar cálculos numéricos simples.
- Aprender a propor problemas.

Desenvolvimento: O aluno deve resolver um problema matemático. Se a solução não for a correta, deve-se verificar se o erro foi de compreensão do enunciado ou de cálculo numérico. Pode-se assinalar onde está o erro e dar uma segunda chance.

> Você saberia dizer qual é a diferença entre a metade de doze dúzias de laranjas e seis dúzias de dúzias da mesma fruta?

Solução: (12 x 12) / 2 = 72; 6 x 12 x 12 = 864; 864 — 72 = 792.
Variante: Pode-se dar o resultado (792) ao aluno e pedir que ele descubra onde errou, se não tiver acertado da primeira vez.

O preço maluco

Material: Caneta e papel.
Dificuldade: Fácil.
Objetivos:
- Melhorar a compreensão de leitura.
- Realizar cálculos numéricos simples.
- Incentivar o uso da lógica.

Desenvolvimento: O aluno deve resolver um problema matemático. Se a solução não for a correta, deve-se verificar se o erro foi de compreensão do enunciado ou de cálculo numérico. Pode-se assinalar onde está o erro e dar uma segunda chance.

> Estou confuso e acho que você pode me ajudar. Se um lápis custa 20 centavos mais a metade do que custa, que preço ele tem?

Solução: 20 + 20 = 40 centavos, pois se uma metade são 20 centavos, a outra metade custará a mesma coisa.
Variante: Sem caneta, nem papel.

Divida e perca

Material: Nenhum.
Dificuldade: Média.
Objetivos:

- Melhorar a compreensão de leitura.
- Realizar cálculos numéricos simples.
- Aprender a propor problemas.

Desenvolvimento: Propõe-se um problema aparentemente muito simples. Depois de pensar por um curto espaço de tempo, responder sem usar papel nem máquina de calcular, ou seja, resolvendo mentalmente.

> Meu bom amigo:
>
> Se você vai bem nas divisões, diga-me, sem precisar consultar sua inseparável máquina de calcular, a coisa mais fácil que há no mundo da matemática:
>
> Quanto é um milhão dividido entre um quarto?
>
> Mais fácil!

Solução: Como você bem acertou, são 4.000.000 (quatro milhões), já que um milhão dividido por um quarto (e não por quatro!) é a mesma coisa que multiplicar essa linda cifra pelo inverso de um quarto, que são 4.

Números esquisitos

Material: Nenhum.
Dificuldade: Fácil.
Objetivos:
- Compreensão do cálculo numérico.
- Melhorar a compreensão de leitura.
- Realização de cálculos numéricos simples.

Desenvolvimento: Resolver um problema matemático. Deixar os jogadores pensar alguns instantes para que possam deduzir a resposta.

Parece que todos os números possuem seus enigmas e os que vamos apresentar não têm por que ser uma exceção.

Diga-me:

Quais são os dois números inteiros que dão mais somando-os do que multiplicando-os entre si?

Solução: Qualquer número inteiro e o número 1. Por exemplo: 10 x 1 = 10 e 10 + 1 = 11

Meus queridos uns

Material: Caneta e papel.
Dificuldade: Fácil.
Objetivos:

- Compreensão do cálculo numérico.
- Melhorar a compreensão de leitura.
- Tenacidade para resolver problemas.

Desenvolvimento: Deve-se chegar a um número com base em outros, empregando símbolos aritméticos. Deixar que os alunos calculem o resultado durante um tempo certo, usando lápis e papel e, se for necessário, máquina de calcular.

Que conste que não vamos falar sobre Átila.

Só é preciso escrever seis números "um" (1) que, separados por algum sinal aritmético, deem um resultado final igual a 15, que aliás é um número muito simpático.

Solução: 11 + 1 + 1 + 1 + 1 = 15

Um quadrado

Material: Caneta e papel.
Dificuldade: Difícil.
Objetivos:

- Melhorar a compreensão de leitura.
- Realização de cálculos numéricos simples.
- Ter paciência para resolver problemas.

Desenvolvimento: Buscar dois números que possuam condições bem peculiares. Se não forem encontrados, pode-se dar a solução do primeiro número, convidando o aluno a procurar a resposta do segundo.

Parece fácil e é, só é uma questão de o cérebro ficar esperto.

Portanto, diga-me:

Qual é o número de duas cifras que é o quadrado da cifra de suas unidades?

Dê-me duas soluções.

Solução: O 25 (5 x 5) e o 36 (6 x 6).

Cifras iguaizinhas

Material: Caneta e papel.
Dificuldade: Difícil.
Objetivos:

- Melhorar a compreensão de leitura.
- Realização de cálculos numéricos simples.
- Tenacidade para resolver problemas.

Desenvolvimento: Propõe-se um problema numérico. Deixe que os alunos ponderem cifras, embora seja melhor dar um tempo determinado para que a busca não se alongue demais.

O número 1.000 é bom e redondo e pode-se chegar a ele por meio de muitas operações aritméticas. Vamos buscar uma fácil.

Assim, vamos fazer uma operação aritmética, ou várias, utilizando oito cifras iguais que, separadas por algum signo aritmético, dê o número 1.000.

Se você encontrar duas soluções, e elas existem, daremos a você a medalha de latão.

Soluções:
1. 888 + 88 + 8 + 8 = 1.000
2. (8.888 — 888) : 8 = 1.000

As damas e o barqueiro

Material: Caneta e papel.
Dificuldade: Média.
Objetivos:
- Melhorar o raciocínio lógico.
- Desenvolver a visão espacial.
- Aguçar o talento.

Desenvolvimento: Para resolver o problema proposto podem ser usadas moedas ou fichas, em vez de papel. Caso sejam encontradas dificuldades na solução, podem ser dadas dicas ou a solução comentada.

Há muitos anos, três damas de um castelo distante viajavam com seus criados. Ao chegarem às margens de um rio que deveriam atravessar não havia ponte, mas sim um barquinho em que cabiam apenas duas pessoas.

As damas não confiavam em seus criados, pois acreditavam que eles queriam matar uma delas, ou as três. Por essa truculenta razão, chegaram ao acordo de nunca, nenhuma delas, ficar sozinha com dois criados, ou duas delas com os três.

Seguindo essa norma:

Como conseguiram atravessar o rio sem que acontecesse uma desgraça irreparável?

Solução: Na primeira viagem, foram dois criados. Na segunda, atravessaram outra vez dois criados e só voltou um. Na terceira viagem, foram duas damas; voltaram um criado e uma dama. Na quarta viagem, foram novamente duas damas e voltou um criado. Na quinta viagem, atravessaram dois criados e voltou um. Na sexta, foram os dois criados que restavam.

Será que é verdade?

Material: Nenhum.
Dificuldade: Difícil.
Objetivos:

- Melhorar o raciocínio lógico.
- Aprender a fazer deduções.
- Autoavaliação da solução.

Desenvolvimento: Deve-se resolver um problema lógico; o aluno tem que justificar e demonstrar que é correto.

Ajude Sherlock Holmes a resolver este enigma:

O famoso detetive interrogou um casal disfarçado:

— "Eu sou um garoto", disse a pessoa morena.
— "Eu sou uma garota", disse a pessoa ruiva.

Sherlock Holmes é muito astuto e sabe que pelo menos uma das duas pessoas mentiu.

Você pode lhe dar uma mãozinha e dizer qual das duas pessoas é a ruiva e qual é a morena?

Justifique sua resposta.

Solução: Obrigatoriamente, as duas pessoas mentiram, portanto o garoto é ruivo e a garota é morena, já que se um dos dois tivesse dito a verdade, haveria duas garotas ou dois garotos, mas não um garoto e uma garota.

5. Enigmas e Jogos

Jogos de habilidade

O jantar

Material: Caneta e papel.
Dificuldade: Média.
Objetivos:

- Melhorar a capacidade lógica.
- Aprender a fazer deduções.
- Autoavaliação da solução.

Desenvolvimento: Deve-se resolver o seguinte problema, exigindo a justificação da resposta e, se não for correta, devolver o problema para ser feito novamente; se for oportuno, pode ser dada alguma dica como, por exemplo, mostrar onde está o erro da dedução.

Vamos ver se você é capaz de resolver este pequeno enigma familiar:

Meu tio organizou um jantar e convidou o cunhado de seu pai, o sogro de seu irmão, o irmão de seu sogro e o pai de seu cunhado.

Você saberia me dizer quantas pessoas sentaram-se à mesa?

Solução: Duas: meu tio e o outro.
Variante: O jogo pode ser feito sem usar lápis e papel, isto é, pedindo para fazer tudo mentalmente, aumentando sua complexidade.

A confusão dos irmãos

Material: Nenhum.
Dificuldade: Fácil.
Objetivos:

- Desenvolver a capacidade lógica.
- Aprender a fazer deduções.
- Autoavaliação da solução.

Desenvolvimento: Resolver o problema seguinte em menos de três minutos; se a solução não for correta podem ser usados lápis e papel e pedir para "desenhar", facilitando a solução. (O professor pode ajudar, se achar que é preciso.)

Toda essa história sobre parentesco sempre foi um pouco complicada; são primos, sogros, noras, tios, avôs, etc.

No final das contas, acabamos nos confundindo. Eu, pelo menos.

Por isso preciso de sua ajuda.

Você pode me dizer qual é a relação que tem comigo o filho do único irmão da única irmã de meu pai, que tem um só filho?

Solução: Evidentemente, sou eu mesmo.

O caracol viajante

Material: Caneta e papel.
Dificuldade: Fácil.
Objetivos:

- Melhorar a capacidade lógica.
- Compreender corretamente os problemas.
- Autoavaliação da solução.

Desenvolvimento: Deve-se responder à pergunta proposta, justificando a resposta dada. Se não for correta, o problema deve ser devolvido ao aluno para que ele pense em outra resposta; para ajudar, ele pode fazer um desenho sobre o que diz o problema para visualizar a solução.

Temos uma parede de 11 metros de altura que termina em uma aresta muito estreita e um caracol sobe por ela de forma que, ao chegar lá em cima, escorrega imediatamente pelo outro lado.

O caracol sobe 2 metros por dia, mas escorrega (desce) 1 metro durante a noite, enquanto descansa.

Vida dura a do caracol!

Trata-se de saber quantos dias o caracol vai demorar para chegar até a parte mais alta da parede. Você sabe?

Solução: Em 10 dias. Cada dia ele sobe 2 metros e desce 1, isto é, ele sobe 1 metro por dia, mas no dia 10, durante o dia, chega até a parte mais alta da parede e então já não descerá mais 1 metro à noite.

A grande batalha

Material: Caneta e papel

Dificuldade: Média.

Objetivos:

- Melhorar a capacidade lógica.
- Desenvolver o cálculo numérico.
- Adquirir novos conhecimentos.

Desenvolvimento: Para resolver o problema, possivelmente alguns alunos precisarão saber quantas patas têm as moscas e as aranhas, razão pela qual poderão consultar seu livro de ciências naturais. Se não resolverem o problema, daremos alguma orientação prática. Comprove se o número das patas que o aluno propõe é correto.

> As guerras nunca são boas para ninguém. Desta vez, eram as moscas que lutavam contra as aranhas.
>
> Na primeira batalha, os correspondentes de guerra contaram que havia 42 cabeças e 276 patas entre moscas e aranhas.
>
> Você, que entende de números:
>
> Saberia me dizer quantos guerreiros havia de cada tipo de inseto?

Solução: 30 moscas (6 patas) e 12 aranhas (8 patas)

Os bascos

Material: Caneta e papel.
Dificuldade: Média.
Objetivos:

- Melhorar a capacidade lógica.
- Aprender a fazer deduções.
- Desenvolver a visão espacial.

Desenvolvimento: Resolver o seguinte problema, justificando a solução e fazendo um desenho esquemático do raciocínio. Se a solução não for a correta ou não foi possível terminar o problema, sua conclusão pode ser adiada para outro dia, quando poderão ser dadas dicas.

> Resolva o seguinte problema usando como apoio um desenho esquemático e justificando a resposta.
>
> Os bascos são famosos por sua força física.
>
> Em uma das típicas competições de cortar troncos de árvores, que eles organizam em suas festas, um basco conseguiu cortar um tronco em 5 partes, em 20 minutos.
>
> Com esta informação, eu pergunto a você:
>
> Quanto demoraria esse mesmo homem para cortar um tronco das mesmas características em 10 pedaços?

Solução: Demoraria 45 minutos, pois para cortá-lo em 5 partes ele teve que fazer 4 cortes, a 5 minutos por corte (20 minutos no total). Assim, para cortá-lo em 10 partes deverá realizar 9 cortes e se cada corte precisa de 5 minutos, 9 x 5 = 45 minutos.

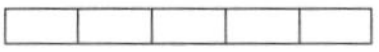
4 cortes

9 cortes

Os lindos terrenos

Material: Caneta e papel.
Dificuldade: Fácil.
Objetivos:

- Desenvolver a capacidade de raciocínio.
- Cálculos numéricos simples.
- Facilitar a visão espacial.

Desenvolvimento: Pede-se para resolver um problema, primeiro mentalmente e depois comprovando a solução por meio de um desenho. Se não der tempo ou a solução não for correta, deixar para outro dia; pode-se ajudar com alguma orientação.

Pense bem e, sem ajuda de lápis nem papel, tente resolver este problema:

Antônia comprou um terreno quadrado de 100 metros de lado e sua prima Maria comprou a metade de outro terreno, também quadrado, de 200 metros de lado.
Qual das duas comprou mais terreno?

Depois de chegar à solução, desenhe em um papel os dois terrenos (mas em vez de metros, desenhe-os em milímetros para que caibam na folha) e comprove se a solução que você deu foi a correta.

Solução: A metade do terreno de 200 metros de lado é o dobro do tamanho, portanto Maria comprou mais terreno.

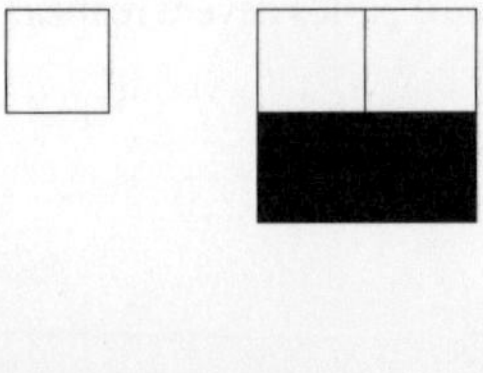

Antônia (100 x 100)
Maria (200 x 100) — a metade de 200 x 200

Magia?

Material: Papel, caneta, tesouras e 12 moedas iguais.
Dificuldade: Difícil.
Objetivos:

- Desenvolver a capacidade de raciocínio.
- Realizar cálculos numéricos simples.
- Facilitar a visão espacial.

Desenvolvimento: Deve-se recortar uma figura, recompô-la de diferentes formas e observar como varia o número de ovos que aparecem, dando uma explicação para o que acontece. Normalmente, serão precisas várias sessões de três minutos para concluir a figura.

Com certeza, mais de uma vez, enquanto você estava na aula de matemática, deve ter pensado que o professor tinha feito mágica, pois tirou uma solução não se sabe de onde, embora depois você tenha percebido que aquilo não tinha nada de mágico, mas que você não havia entendido o problema.
Agora proponho a você um exercício simples:

Conte quantos ovos existem na figura abaixo.

Você tem certeza? Muito bem.
Agora corte a figura pela linha de pontos e coloque-a em ordem de acordo com as duas formas que são indicadas e, depois disso, volte a contar quantos ovos existem; tente explicar o que aconteceu.

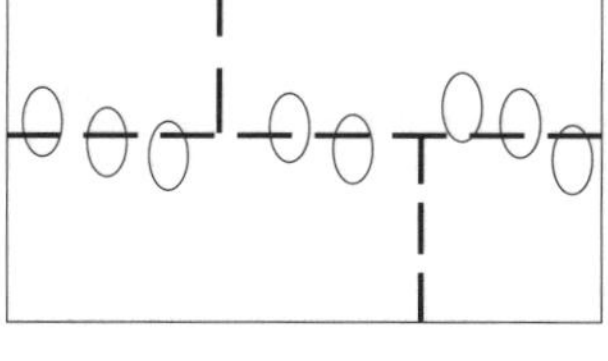

1. Mude de lugar os dois quadros superiores.
2. Na sequência, mude de lugar os dois inferiores.

Solução: Serão contados 8, 9 e 10 ovos. A explicação é muito simples: quando há mais ovos estes são pequenos. Com as 12 moedas percebe-se muito bem: em um caso, temos 3 montes de 4 moedas (12 no total) e no outro temos 4 montes de 3 moedas (também 12).

Figura impossível

Material: Papel e caneta.
Dificuldade: Fácil.
Objetivos:

- Melhorar o raciocínio visual.
- Desenvolver a capacidade de raciocínio.
- Realizar cálculos numéricos simples.

Desenvolvimento: Apresenta-se uma figura que é impossível que exista porque está mal desenhada; deve-se dizer o que está errado na figura e por quê. A explicação deverá ser dada em função da idade da criança, mais simples quanto menor for a criança. Insistir até que seja percebido que a figura está mal desenhada (se quiser, pode-se pedir para acompanhar as três hastes do tridente para perceber que não levam a lugar nenhum).

Você deve ter ouvido mais de uma vez que as aparências enganam e, às vezes, isso é verdade.

Observe com atenção o seguinte desenho e diga-nos de que tipo de objeto se trata e tente desenhá-lo você mesmo em outra folha.

Você não percebeu nada estranho no desenho?

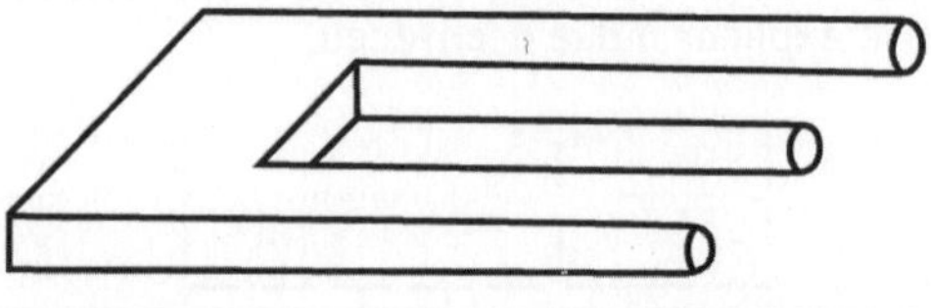

Solução: O desenho é o de um tridente impossível, pois a perspectiva não é correta. Ao tentar desenhar um tridente percebem-se as diferenças. Trata-se de um engano visual (ilusão de óptica).

Números bonitos

Material: Caneta e papel.
Dificuldade: Média.
Objetivos:

- Descobrir o lado lúdico da matemática.
- Desenvolver a lógica e o cálculo numérico.
- Observar procedimentos e deduzir estratégias.

Desenvolvimento: Trata-se de surpreender com um truque de *magia matemática,* para que o aluno tente explicá-lo. Depois de descoberto, pode-se pedir à criança para inventar um exemplo parecido. Podem ser precisas várias sessões para completar o problema.

Você vai ajudar-me a adivinhar um número. Vejamos se sei resolvê-lo.

Primeiro pense em uma cifra do 1 ao 9.
— Agora, multiplique-a por 5.
— Dobre o resultado obtido.
— Some 7 a esse resultado.
— Risque a primeira cifra da esquerda do número que você obteve.
— Some 4.
— Subtraia 3.
— Some 9.

Vejamos; deixe-me pensar... certamente deve ter dado 17. Não falha. Tente explicar por que eu adivinhei. Invente sua própria adivinhação.

Solução: Partindo de um número X vimos o seguinte: 1º 5X; 2º 10X; 3º 10X + 7; 4º 7 (riscando a cifra da esquerda, sempre restará o 7); 5º 7 + 4 = 11; 6º 11 — 3 = 8 e 7º 8 + 9 = **17.**

Adivinhação

Material: Caneta e papel.
Dificuldade: Fácil.
Objetivos:

- Descobrir o lado lúdico da matemática.
- Desenvolver a lógica e o cálculo numérico.
- Observar procedimentos e deduzir estratégias.

Desenvolvimento: Trata-se de surpreender com um truque de *magia matemática,* para que o aluno tente explicá-lo. Depois de descoberto, pode-se pedir à criança para inventar um exemplo parecido. Podem ser precisas várias sessões para completar o problema.

Você vai ajudar-me a adivinhar um número. Vejamos se sei resolvê-lo. Vamos lá.

Pense em um número de duas cifras.
— Some 7 a ele.
— Subtraia de 110 a soma obtida.
— Some 15 ao resto.
— Ao resultado obtido, some o número que você pensou.
— Divida por 2 o número obtido.
— Tire 9 do resultado.
— O resultado obtido você multiplica por 3.

Se não me engano... o resultado final que você obteve é 150. Obrigada.

Solução: Realizamos as seguintes operações partindo de um número XY de duas cifras: 1º XY + 7; 2º 110 — (XY + 7) = 103 — XY; 3º 103 — XY + 15 = 118 — XY; 4º 118 — XY + XY = 118; 5º 118 / 2 = 59; 6º 59 — 9 = 50 e 7º 50 X 3 = 150. A explicação está no 4º passo, em que o número pensado é eliminado, razão pela qual a solução sempre será a mesma, seja qual for o número pensado.

Números entretidos

Material: Caneta e papel.
Dificuldade: Média.
Objetivos:

- Descobrir o lado lúdico da matemática.
- Desenvolver a lógica e o cálculo numérico.
- Observar procedimentos e deduzir estratégias.

Desenvolvimento: Trata-se de surpreender com um truque de *magia matemática,* para que o aluno tente explicá-lo. Depois de descoberto, pode-se pedir à criança para inventar um exemplo parecido. Podem ser necessárias várias sessões para completar o problema.

Você vai ajudar-me a adivinhar um número. Vejamos se sei resolvê-lo. Vamos lá.

— Pense em uma cifra do 1 ao 9.
— Multiplique-a por 2.
— Volte a multiplicar o resultado por 2.
— O novo resultado deve ser dobrado.
— Acrescente a cifra pensada.
— Some 8.
— Risque todas as cifras, menos a das unidades.
— Tire 3 da cifra restante.
— Some 7.

Deixe-me pensar um pouco... Deu 12?

Solução: realizamos as seguintes operações, com base em um número X: x: 1º X; 2º 2X; 3º 2 x 2X = 4X; 4º 2 x 4X = 8X; 5º 8X + X = 9X; 6º X + 9X = 10 X; 7º 10 X + 8 (aqui, ao riscar tudo menos as unidades, vai dar sempre 8); 8º 8; 9º 8 — 3 = 5; e 10º 5 + 7 = 12.

Muitos tios

Material: Caneta e papel.
Dificuldade: Média.
Objetivos:

- Descobrir o lado lúdico da matemática.
- Desenvolver a lógica e o cálculo numérico.
- Observar procedimentos e deduzir estratégias.

Desenvolvimento: Trata-se de surpreender com um truque de *magia matemática,* para que o aluno tente explicá-lo. Depois de descoberto, pode-se pedir à criança para inventar um exemplo parecido. Podem ser necessárias várias sessões para completar o problema.

Você gostaria de ter 1.089 tios ricos?
Pois você poderá obter uma cifra tão atraente sempre que fizer o seguinte:

— Escreva um número de três cifras, em que a primeira seja maior que a terceira.
— Inverta o número e subtraia-o do primeiro.
— Volte a inverter o resultado e some-o ao total da subtração.

O que deu?

Agora memorize como se faz e proponha-o aos seus amigos. Você vai divertir-se.

Solução: Por exemplo, com o número 371: 1º 371; 2º 371 — 173 = 198 e 3º 891 + 198 = 1.089.

Idade e dinheiro

Material: Caneta e papel.
Dificuldade: Média.
Objetivos:

- Descobrir o lado lúdico da matemática.
- Desenvolver a lógica e o cálculo numérico.
- Observar procedimentos e deduzir estratégias.

Desenvolvimento: Trata-se de surpreender com um truque de *magia matemática,* para que o aluno tente explicá-lo. Depois de descoberto, pode-se pedir à criança para inventar um exemplo parecido. Podem ser necessárias várias sessões para completar o problema.

Os números sempre batem. Jogando com eles você pode adivinhar a idade e o dinheiro que o seu vizinho está carregando. Diga a ele para fazer o seguinte, sem mostrar o que está escrevendo:

— Anote sua idade.
— Multiplique-a por 2.
— Some 5 ao resultado.
— Multiplique o resultado por 500.
— Some a quantidade de dinheiro que tem no bolso (desde que seja menos de mil reais!).
— Subtraia 3.758 do resultado obtido.
— Some 1.258.

Dará um número de cinco cifras.

Agora, ele deve checar se as duas primeiras cifras correspondem à idade dele e as outras três ao dinheiro que ele possui.

Ele vai ficar pasmo.

Ao propor o jogo, não traga nada escrito: você deve memorizá-lo para que seja mais mágico. Ao propor as operações, faça de conta que está pensando para que o assunto fique mais misterioso.

Adivinhar a idade

Material: Caneta e papel.
Dificuldade: Média.
Objetivos:

- Descobrir o lado lúdico da matemática.
- Desenvolver a lógica e o cálculo numérico.
- Observar procedimentos e deduzir estratégias.

Desenvolvimento: Trata-se de surpreender com um truque de *magia matemática,* para que o aluno tente explicá-lo. Depois de descoberto, pode-se pedir à criança para inventar um exemplo parecido. Podem ser necessárias várias sessões para completar o problema.

Você sabe que número seu amigo calça e qual a dele? Sem lhe perguntar você pode saber.
Vejamos, vá e diga a ele:

— Que, sem mostrar a você pois não lhe interessa, escreva o número que calça.
— Que, depois, multiplique-o por 2.
— Que, depois, some 5 ao resultado obtido.
— Que, depois, multiplique essa soma por 50.
— Que, depois, some a esse produto 1.753 (número válido para o ano 2003. Nos anos seguintes deve-se acrescentar uma unidade por ano).
— Subtrair o ano de nascimento.

Desta forma ele obterá um número de quatro cifras. As duas primeiras correspondem ao número de seu sapato e as duas seguintes à idade dele.

A variante

Material: 20 palitos de fósforo ou de dentes.
Dificuldade: Fácil.
Objetivos:

- Familiarização com figuras planas.
- Desenvolver a imaginação.
- Aprender a observar com tranquilidade.

Desenvolvimento: Construir uma figura plana, com fósforos, que depois será modificada. Esclarecer que a primeira ideia, talvez, não seja a certa. Se não sair da primeira vez, tentar de outra forma, pois nos problemas não se deve ficar obsessivo com a primeira solução que aparece.

Com 20 palitos de fósforo, deve-se construir a seguinte figura:

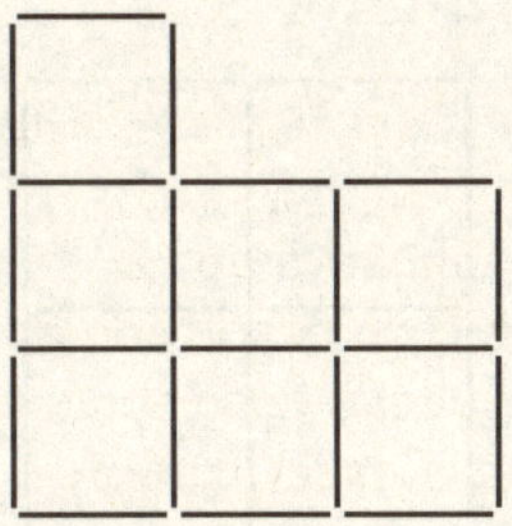

Devem ser movimentados três palitos, colocando-os em outro lugar do desenho, deixando cinco quadrados no lugar de sete e sendo todos iguais.
Deve ficar um desenho simétrico e bonito.

Solução:

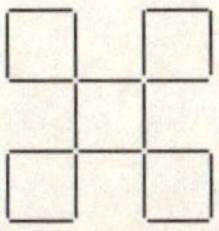

Os dois

Material: 12 palitos de fósforo ou de dentes.
Dificuldade: Fácil.
Objetivos:

- Familiarização com figuras planas.
- Desenvolver a imaginação.
- Aprender a observar com tranquilidade.

Desenvolvimento: Construir uma figura plana, com fósforos, que depois será modificada. Esclarecer que a primeira ideia, talvez, não seja a certa. Se não sair da primeira vez, tentar de outra forma, pois nos problemas não se deve ficar obsessivo com a primeira solução que aparece.

Com 12 palitos de fósforo, deve-se construir a seguinte figura com quatro quadrados bem bonitinhos:

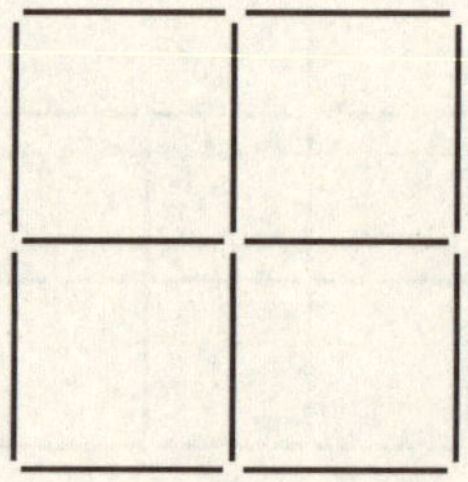

Agora, quatro palitos devem ser deslocados de seu lugar e, sem ampliar a superfície da figura, conseguir dois quadrados no lugar de quatro e independentes um do outro.

Solução:

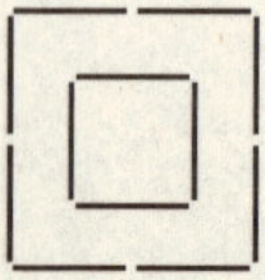

O fatídico 13

Material: 36 palitos de fósforo ou de dentes.
Dificuldade: Média.
Objetivos:
- Familiarização com figuras planas.
- Desenvolver a imaginação.
- Aprender a observar com tranquilidade.

Desenvolvimento: Construir uma figura plana, com fósforos, que depois será modificada. Esclarecer que a primeira ideia, talvez, não seja a certa. Se não sair da primeira vez, tentar de outra forma, pois nos problemas não se deve ficar obsessivo com a primeira solução que aparece.

Com 36 palitos de fósforo, deve-se construir a seguinte figura:

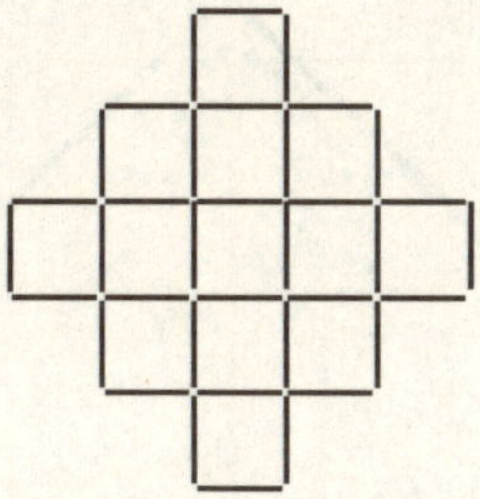

Se você os contar bem, perceberá que há 13 quadrados, um número que algumas pessoas não gostam. Tire oito fósforos da figura e consiga deixar apenas seis quadrados, que é um pouco menos do que a metade, mas é um lindo número. Você não deve movimentar nenhum palito a não ser os oito solicitados.

Solução:

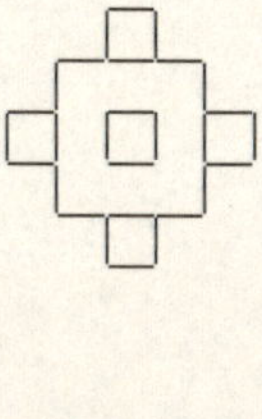

Magia triangular

Material: 7 palitos de fósforo ou de dentes.
Dificuldade: Média.
Objetivos:

- Familiarização com figuras planas.
- Desenvolver a imaginação.
- Aprender a observar com tranquilidade.

Desenvolvimento: Construir uma figura plana, com fósforos, que depois será modificada. Esclarecer que a primeira ideia, talvez, não seja a certa. Se não sair da primeira vez, tentar de outra forma, pois nos problemas não se deve ficar obsessivo com a primeira solução que aparece.

Com sete palitos de fósforo, deve-se construir a seguinte figura:

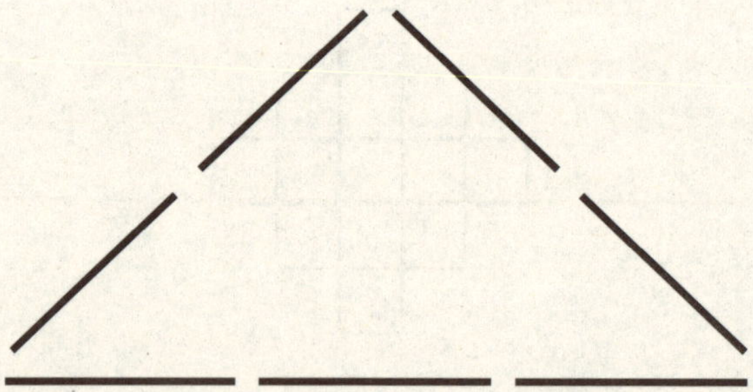

Como a figura só possui um triângulo, refaça-a mudando dois palitos de lugar para conseguir três triângulos.
Não vale quebrar nem cruzar nenhum palito.

Solução: 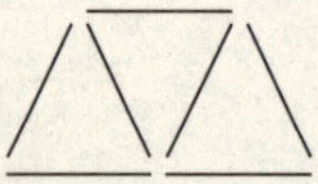

Pura brincadeira

Material: 6 palitos de fósforo ou de dentes.
Dificuldade: Difícil.
Objetivos:

- Familiarização com figuras planas e tridimensionais.
- Desenvolver a imaginação.
- Aprender a observar com tranquilidade.

Desenvolvimento: Construir uma figura plana, com fósforos, que depois será modificada. Esclarecer que a primeira ideia, talvez, não seja a certa. Se não sair da primeira vez, tentar de outra forma, pois nos problemas não se deve ficar obsessivo com a primeira solução que aparece.

Com apenas seis palitos de fósforo, deve-se construir quatro triângulos equiláteros, ou seja, com todos os seus lados iguais, sem cruzar nenhum palito por cima do outro nem quebrá-los.

Você vai fazer o teste e achará que é uma brincadeira.

Eu garanto a você que é possível. Só é preciso pensar um pouco, o que não é pedir muito.

Solução: 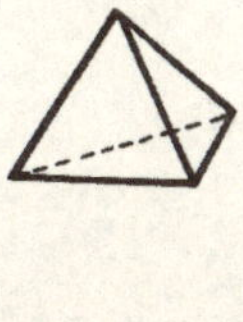

Imaginação

Material: Caneta e papel.
Dificuldade: Média.
Objetivos:

- Exercitar o raciocínio lógico verbal.
- Deduzir estratégias.
- Buscar alternativas e soluções para um problema.

Desenvolvimento: Corresponde a uma coleção de verdades e mentiras, em que o jogador pode anotar as características do enunciado para ir tirando depois suas conclusões.

Um homem matou um vizinho. Ele foi pego e condenado à morte.

Um juiz pediu a ele que dissesse uma frase para escolher a forma de ser executado.

Se a frase que ele dissesse fosse verdadeira, morreria na cadeira elétrica e se fosse falsa morreria enforcado.

A lei, naquele país, só permite esses dois tipos de mortes.

O homem inventou uma frase que o salvaria.
Qual foi essa frase?

Solução: Ele disse: "serei enforcado". Se o enforcassem não cumpririam o pedido, porque teria dito a verdade. Se o executassem na cadeira elétrica significaria que teria mentido... Portanto, deve-se deixá-lo em liberdade.

Parlamento

Material: Caneta e papel.
Dificuldade: Média.
Objetivos:
- Exercitar o raciocínio lógico verbal.
- Estimular a astúcia e o talento.
- Buscar alternativas e soluções para um problema.

Desenvolvimento: Corresponde a uma coleção de verdades e mentiras, em que o jogador pode anotar as características do enunciado para ir tirando depois suas conclusões.

No Parlamento da Dinamarca só existem dois partidos políticos:

— os tradicionais (sempre dizem a verdade)
— os hiperácratas (sempre mentem)

No dia em que fui fazer turismo naquele país me apresentaram dois parlamentares, um de cada partido, e eu quis saber qual o partido a que pertenciam. Perguntei a um deles, que me respondeu:

"Pelo menos um de nós dois é um hiperácrata".

A pergunta é: qual o partido a que ele pertencia?

Solução: O que respondeu à minha curiosidade é, sem dúvida, do partido tradicional, pois sabemos que diz a verdade.

O prisioneiro

Material: Caneta e papel.
Dificuldade: Média.
Objetivos:

- Desenvolver a compreensão de leitura.
- Estimular a astúcia e o talento.
- Buscar alternativas e soluções para um problema.

Desenvolvimento: Corresponde a uma coleção de verdades e mentiras, em que o jogador pode anotar as características do enunciado para ir tirando depois suas conclusões.

Pedro foi detido e preso.

Sua cela tinha duas portinhas iguais, cada uma vigiada por um robusto guardião.

Um deles sempre dizia a verdade e o outro sempre mentia.

O juiz quis lhe dar uma oportunidade para que pudesse recuperar sua liberdade.

Disse a ele que uma das duas portas o conduziria à liberdade e a outra não.

Foi concedido ao Pedro a possibilidade de fazer apenas uma pergunta a um dos dois carcereiros e, assim, deduzir que porta deveria escolher.

Pedro, graças à sua calculada pergunta, conseguiu a liberdade.

Qual foi a pergunta que ele formulou?

Solução: Ele perguntou: "Se eu perguntasse ao outro carcereiro qual das portas conduz à liberdade, qual ele me mostraria?". Pedro escolheu a porta contrária à que o guardião indicou e foi embora, pois adivinhou a porta.
Vejamos: Vamos chamar de M a porta que leva à liberdade e R a outra. Se o carcereiro perguntado é o que diz a verdade, quer dizer que o outro mente e, portanto, mostraria a porta R. Se o perguntado é o mentiroso, mostraria a porta que leva ao presídio e não à liberdade. Logo...

Mentirosos

Material: Caneta e papel.
Dificuldade: Difícil.
Objetivos:

- Desenvolver o raciocínio lógico e verbal.
- Estimular a astúcia e o talento.
- Buscar alternativas e soluções para um problema.

Desenvolvimento: Corresponde a uma coleção de verdades e mentiras, em que o jogador pode anotar as características do enunciado para ir tirando depois suas conclusões.

Pancho é um garoto maravilhoso, mas tem o defeito de mentir todas as segundas, terças e quartas-feiras.

Seu amigo Ricardo o faz às quintas, sextas e sábados.

Ambos somente dizem a verdade aos domingos.

Outro dia, enquanto saboreavam um delicioso sorvete, um dizia ao outro:

— Ontem foi um dos dias em que eu minto.

E Ricardo respondeu:

— Pois ontem também foi para mim um dos dias em que eu minto.

De qual dia da semana estavam falando, já que falavam do mesmo dia?

Solução: Os únicos dias em que Pancho pode dizer "ontem menti", são as segundas e as quintas. Mentindo na segunda e falando a verdade na quinta. Os únicos dias que Ricardo pode dizer a mesma coisa são quintas e domingos. Mentindo às quintas e dizendo a verdade aos domingos. O único dia em que os dois coincidem é quinta-feira.

A caixa do tesouro

Material: Caneta e papel.
Dificuldade: Difícil.
Objetivos:

- Exercitar o raciocínio lógico verbal.
- Estimular a astúcia e o talento.
- Buscar alternativas e soluções para um problema.

Desenvolvimento: Corresponde a uma coleção de verdades e mentiras, em que o jogador pode anotar as características do enunciado para ir tirando depois suas conclusões.

O rei queria premiar seu ministro mais inteligente e não sabia como fazê-lo, pois quase todos o eram. No final, ele decidiu propor a cada um deles um problema para testar sua sabedoria. O ministro que o resolvesse mais rapidamente ficaria com um dos dois baús que estavam a sua frente: justamente o que possuía o ouro.

Reuniu todos e disse:

"Vocês têm aqui dois cofres iguais, um contém ouro e o outro areia. Do lado de cada cofre estão dois servos para vigiá-los. Um sempre diz a verdade e o outro sempre mente.
Cada um de vocês pode fazer uma só pergunta ao criado que quiser e, com a resposta, adivinhar onde está o ouro. O primeiro que adivinhar, levará o cofre."

O mais esperto fez a pergunta adequada. Que pergunta foi essa?

Solução: A pergunta foi: "Você pode pedir ao seu companheiro para mostrar-me qual é a arca que não contém o ouro?". Se esse criado for sincero, fará a pergunta exatamente da mesma forma, sem mudar uma letra: como o outro deve ser o mentiroso, mentirá, razão pela qual teremos então a solução. Se o perguntado é o mentiroso, ele perguntará: "Qual é o baú que contém o ouro?". A resposta do outro será a verdadeira.

O mentiroso

Material: Caneta e papel.
Dificuldade: Fácil.
Objetivos:
- Exercitar o raciocínio lógico verbal.
- Estimular a astúcia e o talento.
- Buscar alternativas e soluções para um problema.

Desenvolvimento: Corresponde a uma coleção de verdades e mentiras, em que o jogador pode anotar as características do enunciado para ir tirando depois suas conclusões. Sempre justificar a resposta.

Encontro com um amigo que me diz:

"Agora eu estou mentindo para você."

Fico perplexo e me pergunto:

Ele mente ou não?

O que você acha?

Solução: A proposta é discutir o tema: Verdades e mentiras.

Soma interessante

Material: Caneta e papel.
Dificuldade: Fácil.
Objetivos:

- Empregar códigos.
- Deduzir estratégias.
- Autoavaliação da solução.

Desenvolvimento: Resolver um criptograma não é muito fácil para os pequenos, mas é interessante para que se familiarizem com ele, pois nada mais é do que a tradução de códigos secretos. Quando já tiverem aprendido alguma coisa, pode-se pedir a eles para fazerem um abecedário secreto com outras letras, números ou desenhos, para poder comunicar-se com seus "espiões".

$$\begin{array}{r} 43 \\ \underline{+57} \\ 207 \end{array}$$

Este resultado é uma grande mentira. Mas se a cada uma das sete cifras somarmos ou subtrairmos uma unidade, obteremos uma soma perfeita.

Quais seriam os números para a operação ser correta?

Solução: 52 + 66 = 118.

Subtração correta

Material: Caneta.
Dificuldade: Fácil.
Objetivos:

- Empregar códigos.
- Deduzir estratégias.
- Autoavaliação da solução.

Desenvolvimento: Resolver um criptograma não é muito fácil para os pequenos, mas é interessante para que se familiarizem com ele, pois nada mais é do que a tradução de códigos secretos. Quando já tiverem aprendido alguma coisa, pode-se pedir a eles para fazerem um abecedário secreto com outras letras, números ou desenhos, para poder comunicar-se com seus "espiões".

Como você rapidamente perceberá, a seguinte subtração não é correta.

Para que ela dê certo, basta somar ou subtrair uma unidade a cada uma das 16 cifras que escrevemos abaixo.

Como bom intérprete das coisas misteriosas, você deve conseguir decifrar esta operação.

$$\begin{array}{r} 216.648 \\ \underline{-90.135} \\ 13.780 \end{array}$$

Solução: 105.737 — 81.046 = 24.691

Combinações

Material: Caneta e papel.
Dificuldade: Fácil.
Objetivos:

- Empregar códigos.
- Deduzir estratégias.
- Autoavaliação da solução.

Desenvolvimento: O ponto de partida é um tabuleiro com fichas, que devem ser movimentadas pelo aluno de forma concreta até alcançarem uma posição determinada. Os participantes podem desenhar um croqui e fazer suas próprias fichas com pedacinhos de papel, grão-de-bico ou pequenas fichas, para que possam desenvolver o jogo.

Temos este estranho percurso de 10 quadrados. Em uma das partes temos três peças numeradas do 1 ao 3, e na outra, mais três peças numeradas com o 10, 15 e 20.

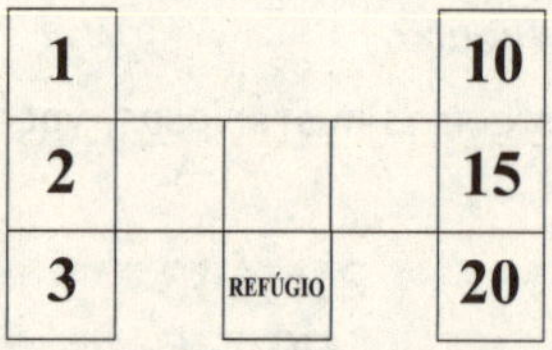
1
10
2
15
3
REFÚGIO
20

O jogo consiste em passar cada peça para a casinha da peça oposta no tabuleiro: desta forma, a ficha 1 deve passar para a 10 e vice-versa. As peças devem movimentar-se na vertical e na horizontal, sem passar por cima de outra peça, nem ocupar uma casinha já ocupada. Obviamente, não podem sair do tabuleiro. As casinhas que só têm letra estão vazias. O refúgio, também vazio, serve para combinar a passagem de um lado para o outro. Usar o refúgio quando o movimento de peças assim o requiser.
Com paciência você o tirará.

Solução: Se partirmos do anterior croqui com letras conseguiremos o resultado em 24 movimentos: 2 até e; e Refúgio; 15 b; 10 d; 2 h; 20 e; 10 j; 15 i; 3 g; 20 c; 1 e; 3 a; 15 b; 2 d; 1 h; 10 e; 2 j; 15 i; 3 g; 10 a; 3 e; 15 b; 2 d; 3 j; 2 i.

a
h
b
d
e
g
i
c
f
j

A transferência

Material: Caneta e papel.
Dificuldade: Média.
Objetivos:

- Deduzir estratégias.
- Buscar alternativas e soluções para um problema.
- Analisar situações.

Desenvolvimento: O ponto de partida é um tabuleiro com fichas, que devem ser movimentadas pelo aluno de forma concreta até alcançarem uma posição determinada. Os participantes podem desenhar um croqui e fazer suas próprias fichas com pedacinhos de papel, grão-de-bico ou pequenas fichas, para que possam desenvolver o jogo.

Seis casinhas e cinco objetos. Em cada casa cabe um só objeto e não podem ser amontoados dois.
Meu amigo quer permutar a ordem da garrafa e a escova em um número mínimo de movimentos.

Qual é o menor número e em que ordem ele conseguirá fazê-lo?

GARRAFA		SALEIRO
ESCOVA	PRANCHA	RATOEIRA

Solução: Conseguirá fazê-lo com 17 movimentos, movimentando para o quadro que ficar vazio: 1. Garrafa; 2. Escova; 3. Prancha; 4. Garrafa; 5. Saleiro; 6. Ratoeira; 7. Garrafa; 8. Prancha; 9. Escova; 10. Saleiro; 11. Prancha; 12. Garrafa; 13. Ratoeira; 14. Prancha; 15. Saleiro; 16. Escova; e 17. Garrafa.

Estacionamentos

Material: Caneta e papel.
Dificuldade: Difícil.
Objetivos:

- Deduzir estratégias.
- Buscar alternativas e soluções para um problema.
- Desenvolver a lógica.

Desenvolvimento: O ponto de partida é um tabuleiro com fichas, que devem ser movimentadas pelo aluno de forma concreta até alcançarem uma posição determinada. Os participantes podem desenhar um croqui e fazer suas próprias fichas com pedacinhos de papel, grão-de-bico ou pequenas fichas, para que possam desenvolver o jogo.

Temos oito carros em um estacionamento: dois Seat, dois Renault, dois Ford e dois Citroën. Sabemos que:

Cada Seat está diante de um Renault.
Cada Renault está diante de um Ford.
Cada Ford está diante de um Citroën.
Nenhum Ford está diante de um Seat.
Não há dois carros juntos de nenhuma marca.

Agora me diga, meu amigo: qual é a marca do carro que ocupa a vaga número seis?

1
2
3
4
5
7
8

Solução: Um dos Renault.

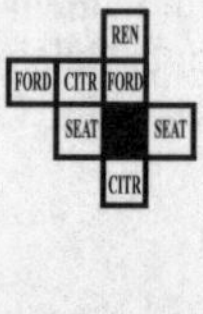
REN
FORD
CITR
FORD
SEAT
SEAT
CITR

Pequeno quadrado mágico

Material: Caneta e papel.
Dificuldade: Fácil.
Objetivos:

- Familiarização com a matemática.
- Autoavaliação de resultados.
- Buscar alternativas e soluções para um problema.

Desenvolvimento: O ponto de partida é um tabuleiro com fichas, que devem ser movimentadas pelo aluno de forma concreta até alcançarem uma posição determinada. Os participantes podem desenhar um croqui e fazer suas próprias fichas com pedacinhos de papel, grão-de-bico ou pequenas fichas, para que possam desenvolver o jogo.

No quadrado seguinte devem ser colocadas as nove primeiras cifras, que já constam nele, mas de tal forma que cada linha vertical, horizontal e as duas diagonais sempre somem, cada uma delas, 15.

Você consegue mudar sua posição?

1	6	3
5	7	2
8	4	9

Solução:

4	9	2
3	5	7
8	1	6

Triângulo mágico

Material: Caneta e papel.
Dificuldade: Fácil.
Objetivos:

- Desenvolver estratégias.
- Autoavaliação de resultados.
- Buscar alternativas e soluções para um problema.

Desenvolvimento: O ponto de partida é um tabuleiro com fichas, que devem ser movimentadas pelo aluno de forma concreta até alcançarem uma posição determinada. Os participantes podem desenhar um croqui e fazer suas próprias fichas com pedacinhos de papel, grão-de-bico ou pequenas fichas, para que possam desenvolver o jogo.

Recolocar as cifras que estão escritas no triângulo, de forma que cada um dos três lados some 20.

Sei que você vai conseguir.

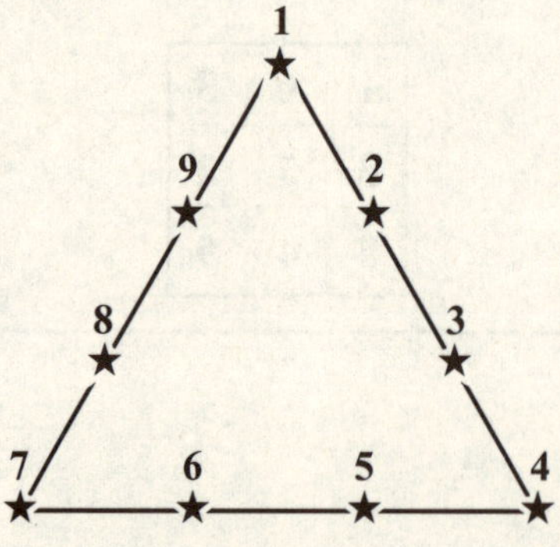
1
9
2
8
3
7
6
5
4

Solução:

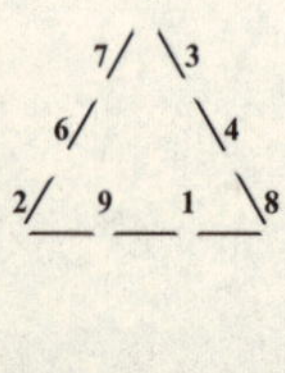
5
7
3
6
4
2
9
1
8

Quadrado mágico com ajuda

Material: Caneta e papel.
Dificuldade: Média.
Objetivos:

- Familiarização com a matemática.
- Autoavaliação de resultados.
- Buscar alternativas e soluções para um problema.

Desenvolvimento: O ponto de partida é um tabuleiro com fichas, que devem ser movimentadas pelo aluno de forma concreta até alcançarem uma posição determinada. Os participantes podem desenhar um croqui e fazer suas próprias fichas com pedacinhos de papel, grão-de-bico ou pequenas fichas, para que possam desenvolver o jogo.

Construa um quadrado de 5 x 5 quadrados de lado. Nele você colocará os 25 primeiros números, suprindo os que existem pelo que será dado a você na DICA. Quando você tiver resolvido este quadrado de palavras-cruzadas, cada coluna, linha horizontal e as duas diagonais, somarão 60 cada uma.

1	2	3	4	5
6	7	8	9	10
11	12	13	14	15
16	17	18	19	20
21	22	23	24	25

A solução de cada número das DICAS deve ser colocada no quadrado que tiver o mesmo número no tabuleiro.

DICAS:
1. Fronteira entre números positivos e negativos.
2. Duas cifras que somam par.
3. Dias de duas semanas.
4. Número que representa meia dúzia.
5. Amanhã é véspera de Natal.
6. Três ao quadrado.
7. É quase capicua.
8. Os Reis Magos.
9. É chamado de "jacaré".
10. Os apóstolos.
11. Maioridade.
12. Os décimos compram-se na época do Natal.
13. As maravilhas do Mundo.
14. Duas dúzias valem mais do que uma.
15. Um de só.
16. É capicua.
17. Quarteto de jazz.
18. Não digo a você.
19. Mal número, amigo.
20. O quinteto da morte.
21. Formam uma equipe de futebol.
22. Um octaedro.
23. Você vai adivinhar?
24. Um par.
25. Quase duas dezenas.

Solução:

0	17	14	6	23
9	21	3	15	12
18	10	7	24	1
22	4	16	13	5
11	8	20	2	19

Os casais

Material: Caneta e papel.
Dificuldade: Fácil.
Objetivos:

- Desenvolver a visão espacial.
- Autoavaliação de resultados.
- Buscar alternativas e soluções para um problema.

Desenvolvimento: O ponto de partida é um tabuleiro com fichas, que devem ser movimentadas pelo aluno de forma concreta até alcançarem uma posição determinada. Ponderar sobre os números jogados para tentar encontrar a solução.

No quadrado abaixo colocamos 10 fichas de forma que podemos contar 10 linhas com um número total par de fichas, contando as linhas na horizontal, vertical e diagonais.
Mas isso não basta.
Você deve redistribuir as mesmas 10 fichas de forma que obtenha o maior número possível de linhas pares.
Como você as colocará?

o	o	o	o
o		o	
	o	o	
o			o

Solução:

o		o	
		o	o
o	o	o	o
	o	o	

Somando

Material: Caneta e papel.
Dificuldade: Fácil.
Objetivos:

- Familiarização com a matemática.
- Autoavaliação de resultados.
- Buscar alternativas e soluções para um problema.

Desenvolvimento: O ponto de partida é um tabuleiro com fichas, que devem ser movimentadas pelo aluno de forma concreta até alcançarem uma posição determinada. Ponderar sobre os números jogados para tentar encontrar a solução.

Damos a você os números de um a oito; porque somos muito generosos. Mas com uma condição:
Você deve colocar uma cifra em cada ponto do quadrado e conseguir que cada um deles some 15, que é um belo número.

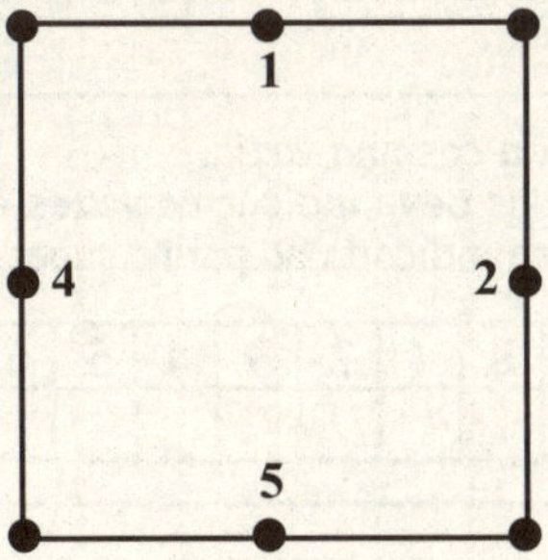
1
4
2
5

Solução:

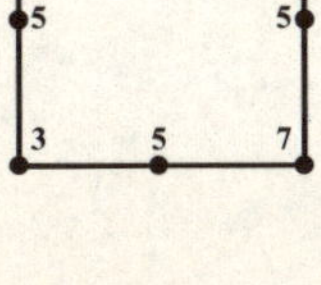
8
5
6
5
5
3
5
7

Casinhas brincalhonas

Material: Caneta e papel.
Dificuldade: Média.
Objetivos:

- Familiarização com a matemática.
- Desenvolver estratégias.
- Buscar alternativas e soluções para um problema.

Desenvolvimento: Deve-se completar o quadrado de acordo com as instruções. Pode-se ir fazendo tentativas para encontrar a solução. Para a melhor compreensão deste problema, colocamos dois exemplos mais fáceis e a solução do mais simples, que pode ser exposta à criança se ela não conseguir compreendê-la bem. O problema que expomos possui duas soluções:

0	1	2	3
2	0	2	0

0	1	2	3
1	2	1	0

Colocar uma cifra em cada casinha vazia.
O dígito de cada uma delas deve indicar as vezes em que o número que você escreveu aparece na cifra indicada na parte superior das casinhas.

0	1	2	3	4	5	6

Solução:

0	1	2	3	4	5	6
3	2	1	1	0	0	0

Em seu lugar

Material: Tabuleiro ou papel e grão-de-bico.
Dificuldade: Fácil.
Objetivos:

- Exercitar o raciocínio espacial.
- Buscar alternativas e soluções para um problema.
- Autoavaliação de resultados.

Desenvolvimento: Certifique-se de que todos conhecem o movimento das peças do xadrez. Se alguém não souber, explique e deixe ensaiar um pouco. É bom desenhar os tabuleiros sobre um papel. Podem ser usados como fichas grão-de-bico ou qualquer peça pequena que represente a peça que estará jogando.

> Desenhe um tabuleiro de xadrez de 5 x 5 quadrados por lado.
>
> Na parte de cima você deve colocar os mínimos cavalos do xadrez, de forma que todos seus quadrados estejam ocupados ou ameaçados por estas peças.

Solução:

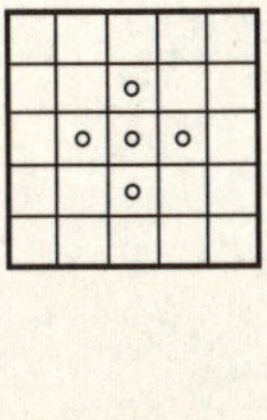

Rainhas por um dia

Material: Tabuleiro ou papel e grão-de-bico.
Dificuldade: Fácil.
Objetivos:

- Exercitar o raciocínio espacial.
- Buscar alternativas e soluções para um problema.
- Autoavaliação de resultados.

Desenvolvimento: Certifique-se de que todos conhecem o movimento das peças do xadrez. Se alguém não souber, explique e deixe ensaiar um pouco. É bom desenhar os tabuleiros sobre um papel. Podem ser usados como fichas grão-de-bico ou qualquer peça pequena que represente a peça que estará jogando. Se alguma das crianças tiver dificuldade com este aprendizado porque desconhece o modo de jogar, troque-o por outro tipo de problema.

Em um tabuleiro de xadrez um pouco encolhido, de 6 x 6 quadrados por lado, devem ser colocados três grãos-de-bico representando três rainhas de xadrez que, do seu lugar, devem ameaçar todos os quadrados com seus movimentos.

Isso é possível e não é difícil.

Solução:

R					
				R	
		R			

Cavalos amestrados

Material: Tabuleiro ou papel e grão-de-bico.
Dificuldade: Média.
Objetivos:
- Exercitar o raciocínio espacial.
- Buscar alternativas e soluções para um problema.
- Autoavaliação de resultados.

Desenvolvimento: **Certifique-se de que todos conhecem o movimento das peças do xadrez. Se alguém não souber, explique e deixe ensaiar um pouco. É bom desenhar os tabuleiros sobre um papel. Podem ser usados como fichas grão-de-bico ou qualquer peça pequena que represente a peça que estará jogando. Se alguma criança tiver dificuldade com este aprendizado, porque desconhece o modo de jogar, troque-o por outro tipo de problema.**

> Pegue seu tabuleiro de xadrez (8 x 8 quadrados de lado), olhe-o, tente e depois me diga:
>
> Qual é o número mínimo de cavalos que podem ser colocados para que todos seus quadrados sejam ocupados ou ameaçados por qualquer um dos cavalos?

Solução:

		C					
		C	C		C	C	
					C		
		C					
	C	C		C	C		
					C		

Leitura Recomendada

• Numerais
• Pontuação
• Acentuação
• Hifenização
• Abreviaturas
• Concordâncias
• Divisão silábica
• Correlação verbal
• Dúvidas freqüentes
• Paradigmas verbais
• Figuras de linguagem
• Colocação pronominal
• Significado das palavras
• Orientações ortográficas
• Erros que podemos evitar
Português sem Segredos
Miriam Margarida Grisolia
Renata Carone Sborgia

Português sem Segredos

Miriam Margarida Grisolia e Renata Carone Sborgia

Você, caro leitor, que sempre busca estudar a estrutura da nossa Língua Portuguesa, aprimorando a capacidade de leitura, comunicação e produção de textos, terá grande interesse pela obra Português sem Segredos.
Este é um guia que irá ajudá-lo a esclarecer as dúvidas gramaticais mais comuns, apresentando o conteúdo de forma didática como um instrumento facilitador e motivador na compreensão, no uso e no ensino de nossa língua.
Em Português sem Segredos, você encontrará:

Curso de português para Concursos

Sandra Ceraldi Carrasco

Nesta obra, a autora, que tem dezessete anos de experiência em magistério, reuniu o conteúdo gramatical dos Ensinos Fundamental e Médio exigidos nos mais variados concursos públicos. Trata-se, portanto, de um instrumento facilitador para os seus estudos e para que você obtenha bom resultado nas provas.

Para que o candidato possa reciclar seu conhecimento a respeito da norma culta da língua portuguesa, de modo prático, a autora disponibiliza ensinamentos de ortografia, morfologia, sintaxe, regência, concordância, colocação pronominal, crase, figuras de linguagem, tipos de redação entre outros temas, que são acompanhados de exercícios e respostas.

Curso de Português
Para Concursos
•Colocação Pronominal;
•Concordâncias Verbal e Nominal;
•Emprego do Hífen;
•Orações Coordenadas e Subordinadas;
•Orientações Ortográficas;
•Pontuação;
•Regências Verbal e Nominal;
•Tipos de Redação;
•E muito mais.
Sandra Ceraldi Carrasco

PHILIP CARTER
250
CÓDIGOS DE
QUEBRAR A CABEÇA

250 Códigos de Quebrar a Cabeça

Philip Carter

O interesse pelo estudo de códigos e cifras é decorrente da nova era digital em que estamos inseridos, embora a criptografia, ciência que estuda os códigos, seja usada desde a Antiguidade.
Utilizados por diferentes povos, há registros de mensagens codificadas em campos de batalha para enganar os inimigos. O próprio imperador romano Júlio César, pioneiro no uso dos códigos durante os combates, servia-se de uma simples cifra de substituição monoalfabética, denominada "mudança de César".

www.madras.com.br

MADRAS® Editora

CADASTRO/MALA DIRETA

Envie este cadastro preenchido e passará a receber informações dos nossos lançamentos, nas áreas que determinar.

Nome____

RG____________________ CPF____________________

Endereço Residencial ______________________________

Bairro ______________ Cidade________________ Estado_____

CEP______________ Fone____________________________

E-mail ____

Sexo ❑ Fem. ❑ Masc. Nascimento____________________

Profissão ________________ Escolaridade (Nível/Curso)__________

Você compra livros:

❑ livrarias ❑ feiras ❑ telefone ❑ Sedex livro (reembolso postal mais rápido)

❑ outros:______________________________________

Quais os tipos de literatura que você lê:

❑ Jurídicos ❑ Pedagogia ❑ Business ❑ Romances/espíritas

❑ Esoterismo ❑ Psicologia ❑ Saúde ❑ Espíritas/doutrinas

❑ Bruxaria ❑ Autoajuda ❑ Maçonaria ❑ Outros:

Qual a sua opinião a respeito desta obra? ______________________

____

Indique amigos que gostariam de receber MALA DIRETA:

Nome____

Endereço Residencial ______________________________

Bairro ______________ Cidade______________ CEP __________

Nome do livro adquirido: ***Jogos para Treinar o Cérebro***

Para receber catálogos, lista de preços e outras informações, escreva para:

MADRAS EDITORA LTDA.

Rua Paulo Gonçalves, 88 – Santana – 02403-020 – São Paulo/SP

Caixa Postal 12183 – CEP 02013-970 – SP

Tel.: (11) 2281-5555 – Fax.:(11) 2959-3090

www.madras.com.br